心一堂術

數古籍珍

本叢刊

書名：批注地理合璧附玄空真訣（二）

系列：心一堂術數古籍珍本叢刊 堪輿類 第三輯 335

作者：【清】于楷、章仲山、溫明遠原輯撰 【民國】朱紫君輯校 【民國】霜湘

批注

主編、責任編輯：陳劍聰

心一堂術數古籍珍本叢刊編校小組：陳劍聰 素聞 鄒偉才 虛白盧主 丁鑫華

出版：心一堂有限公司

通訊地址：香港九龍旺角彌敦道六一〇號荷李活商業中心十八樓〇五一〇六室

深港讀者服務中心·中國深圳市羅湖區立新路六號羅湖商業大廈負一層〇〇八室

電話號碼：(852)9027-7110

網址：publish.sunyata.cc

電郵：sunyatabook@gmail.com

網店：http://book.sunyata.cc

淘寶店地址：https://sunyata.taobao.com

微店地址：https://weidian.com/s/1212826297

臉書：https://www.facebook.com/sunyatabook

讀者論壇：http://bbs.sunyata.cc/

版次：二零二一年三月初版

平裝：四冊不分售

定價： 港幣 九百八十元正

新台幣 三仟九百八十元正

國際書號：ISBN 978-988-8583-63-8

香港發行：香港聯合書刊物流有限公司

地址：香港新界荃灣德士古道二二〇～二四八號荃灣工業中心十六樓

電話號碼：(852)2150-2100

傳真號碼：(852)2407-3062

電郵：info@suplogistics.com.hk

網址：http://www.suplogistics.com.hk

台灣發行：秀威資訊科技股份有限公司

地址：台灣台北市內湖區瑞光路七十六巷六十五號一樓

電話號碼：+886-2-2796-3638

傳真號碼：+886-2-2796-1377

網絡書店：www.bodbooks.com.tw

台灣秀威書店讀者服務中心：

地址：台灣台北市中山區松江路二〇九號一樓

電話號碼：+886-2-2518-0207

傳真號碼：+886-2-2518-0778

網絡書店：http://www.govbooks.com.tw

中國大陸發行 零售：深圳心一堂文化傳播有限公司

深圳地址：深圳市羅湖區立新路六號羅湖商業大廈負一層〇〇八室

電話號碼：(86)0755-82224934

心一堂微店二維碼

心一堂淘寶店二維碼

天玉經內傳　上　一頁起
　　　　　　　中　三十九頁
　　　　　　　下　卒六頁

地理辨正錄要合璧

續解悉遵原刊研究　露湘

己巳春朱壽朋題

地理合璧題詞

聖賢大道此為首端救濟良策修齊偉觀

兩間造化二氣旋盤潛心研究祕法聿完

此道通曉物阜民安邦家之光美哉斯刊

戊辰冬至紫鏐撰句　朱壽朋書

地理合璧辨正卷之三

杜陵蔣平階大鴻補傳　　無心道人增補

門人武陵胡泰徵　　錫山溫榮鑛明遠甫續解　直解

會稽姜　垚較正　　上海朱之翰紫君甫校勘

天玉經唐楊益筠松撰

內傳上

天玉內傳卽青囊奧語挨星五行玄空大卦之理

江東一卦從來吉八神四個一江西一卦排龍位八

神四個二南北八神共一卦端的應無差

地理合璧　卷二

楊公妙用止有一法更無二門此乃反覆其詞以
授曾公安者也江南江北江東江西曾序已先下
注脚矣但南北東西應有四卦而此云三卦者緣
玄空五行八卦排來止有三卦故也江東一卦者
卦起于西所謂江西龍去望江東故曰江東也八
神即八卦之中經四位而起父母故曰八神四個
言八神之中歷四位也江西一卦者此一卦只管一卦之
事不能兼通他卦也江西一卦者卦起于東反而
言之即謂江東龍去望江西亦可故曰江西也亦

于八卦之中經四位而起父母故亦曰八神四個
二者此一卦兼管二卦之事而不能全收三卦也
此如坎至巽乃第四位巽至兌亦第四位八卦之
中各經四卦故曰八神四個也南北八神者乃江
北一卦所謂江南龍來江北望也不云四個者此
卦突然自起不經位數與東西兩卦不同也八神
共一卦者此卦包含三卦總該八神又非八神四
個二之比也夫此東西南北三卦有一卦止得一
卦之用者有一卦兼得二卦之用者有一卦盡得

三卦之用者此謂玄空大卦秘密寶藏非真傳正

授斷不能洞悉其妙者也

俗註寅至丙爲東卦申至壬爲西卦午至坤爲南卦子至艮

爲北卦非

直解　江東一卦即後天之震卦江西一卦即洛

書之兌位既論元運震有震之吉時兌有兌之

旺運今先將震之吉時而論震爲三天元之末

運可知待震卦當令坎坤都已過時矣即得不

爲我吉巽又屬一元故曰四個一此一卦只得

一卦之用不能兼通他卦故也然非卦之不能
時之不能也再論兌卦兌為七下元之首運可
知既屬首該包三卦即以七數至九亦該得三
吉日二者何也惟玄空心法中只得艮兌不得
離九故曰四個二此一卦只得兼通二卦之用
不能全收三卦故也此非時之不能天卦之不
能也八神者即坎坤震巽離艮兌乾也共一卦
者即共此一卦而為九也能用此一卦所建之
處即能全收三卦總該八神又非八神四個二

三般數
三元運三般數論
三元數論

三元	運初	運中	運末
上元	一	二	三	天元
中元	四	五	六	人元
下元	七	八	九	地元

三般卦即三卦

辰戌丑未　甲庚壬丙　（地元子）息爻神

子午卯酉　乾坤艮巽　（天元父）母卦為甲氣

乙辛丁癸　寅申巳亥　（人元子）息爻神

地理合璧　卷三

之所可比也讀者先將九宮八卦分清孰往孰
來誰消誰長再憑掌上尋得一卦二卦三卦之
法知起於東起於西青囊之奧得矣

溫氏續解　此章二十四山之卦爻分為三卦
與洛書流行之九數亦分三卦而卦之與數配
合為用也江東一卦起於西論卦即為兌說數
即地元之七經四位自七至四自四至一逆行
其數水法用逆故曰從來吉也七四一之數即
為江東卦也八神即八卦四個一即地元卦內

之甲庚壬丙與辰戌丑未之四個一也。此一卦

只得一卦之用者甲之兼寅出卦兼卯陰陽不

一星辰不能一氣所以不能兼通他卦也江西

一卦起於東論卦即爲震說數即天元之三經

四位自三至六自六至九順行其數山法用順

故曰排龍位也三六九之數即爲江西卦也八

神亦即八卦四個二即天人兩卦內之子癸午

丁卯乙酉辛艮寅巽巳坤申乾亥之四個二也。

此一卦可兼通二卦之用乃陰陽同一氣也。南

北八神共一卦者坎坤震巽離艮兌乾之八卦

共一中五為立極入用之處由中五順數四位

至八逆數四位至二而二五八為南北卦也經

四位而起父母之法讀者閱至章解未免與蔣

傳互異不知其理者謂蔣傳與章解各說一詞

知其奧者道同一貫蔣傳發其義章解宣其秘

一部辨正惟此節最為難解難明再以章解明

白宣泄庶幾蔣傳章解詞意雖異而理法則一

也江東卦為後天之震震為三乃天元之末運

坎坤已過不能兼收其旺巽卦爲四乃人元之
首運與天元無涉所以進而不能兼他元之巽
退而不能兼過時之坤坎此卦只得震之一卦
爲用不能兼通他卦也此非卦之不能而時之
不能者其中有祕訣存焉姑先發明之三運之
用卯向三入中挨至向上是坎一坎之中爻是
子屬陰以一入中逆行九宮至震卦仍爲三豈
非震仍爲震三仍爲三玄空流行之卦與數同
屬一氣前後不能相兼所以此一卦只得一卦

之用不能兼通他卦也。四個一者章解之坎坤

過時巽又屬一元坎坤震巽四個卦中只有震

之一卦可用。故曰四個一也。此所以非卦之不

能而時之不能兼也。江西卦者。洛書之兌位兌

爲七。下元之首運。應可兼用七八九三卦爲旺。

所謂玄空心法中。只得艮兌不得離九者。以七

運之用酉向七入中。挨至向上是離九。離之中

爻是午。亦屬陰以九入中逆行艮八至乾兌七

仍至兌。離九已入中化極。而八方只有艮兌之

氣可收其旺豈非只得艮兌不得離九也四個

二者退而不能兼中元過去之六同元之離已

化極所以只得艮兌兩卦可兼通故也乾兌艮

離四個卦中只有艮兌兩卦可用故曰四個二

也此所以非時之不能而天卦之不能兼也南

北八神共一卦者明明共一中五而爲九也二

十四山陰陽交媾悉由中五立極之處錯縱變

化所以能全收三卦爲大父母也蔣傳以二十

四山經四位之卦爻分配上中下三元章解以

地理辨○學　卷二

玄空流行之九數分清上中下三元之作用也。

三般卦起父母之用法細義詳後東西父母篇中。

二十四龍管三卦莫與時師話忽然知得便通仙代代鼓駢闐。

二十四龍本是八卦而八卦又分為三卦此玄空之秘必須口傳若俗注丙本南離而反屬東卦壬本北坎而反屬西卦牽強支離悖理之極且云四個一者寅辰丙乙四個在一龍四個二者申戌壬

直解 二十四山本是八卦此云三卦者何也法
將九宮分配三元一元分得三卦即一二三四
五六七八九也然法雖如此用要變通不可執
一三四五五六七八九一亦為三卦總要與葬
時之一卦合而生即為吉退即為凶經云
將來者進成功者退即此謂也三卦即三般卦
之三卦此卦周流六虛無所不至此陰彼陽無
時不易即八卦二十四龍陰陽顛倒變化錯縱

都由此而起故曰管也。

溫氏續解

二十四龍管三卦者以二十四山
之卦爻分爲三卦可配三元之數也子午卯酉
與乾坤艮巽四陰四陽配一卦爲天元寅申巳
亥與乙辛丁癸四陰四陽配一卦爲人元丑未
辰戌與甲庚壬丙四陰四陽配一卦爲地元此
卽二十四龍管三卦也以數分配三卦者一爲
天元四爲人元七爲地元一四七爲三元首運
二五八爲三元中運三六九爲三元末運卦數

相配然後可以玄空作用也。三四五六七八

九一亦爲三卦者乃上元將盡須接中元之氣。

中元將盡須接下元之氣下元將盡仍接上

元之氣循環不息補救乘旺不使衰脫數雖連

屬仍寓經四位之法故云用要變通天元取輔

人地兼貪亦此意也。

天卦江東掌上尋知了值千金地畫八卦誰能會山

與水相對。

天地東西南北皆對待之名所謂陰陽交媾立空。

大卦之妙用也此節方將山與水相對一言略指

一班泄漏春光矣非分天卦于江東分山水相對

于地卦也若以辭害志分別支離卽同癡人說夢

矣

俗注天卦地支從天干以向論水神旺墓地卦天干從地支

以龍論山水生死可笑

直解天卦卽玄空江東卽玄空中之生旺山與

水相對者水上之星卽山上之星山上之星卽

生旺之星將此生旺之星輪到城門或山上此

爲山與水相對非必拘定要水與山相對只要

水上之星與時相對耳。○天卦地卦非天父地
母之俗說切莫誤認天卦即無形之氣運行于
上萬物生生之始也江東者。無形氣中之生旺
也三元各有生旺故云江東江西此氣無形可
見無跡可尋全憑往來消長之中細辨某爲江
東某爲江西在江東時用江東爲令星。在江西
時用江西爲令星隨時取用之法曉然明白再
查有形有跡之八方。何方來水何方去水何方
來龍何方入首何方高何方低何方水口三义

有形無形相交會于其間再查山上神龍水裡

龍神雌雄相對與否此相對非坎龍必須離水

之相對兌龍必須震水之相對所謂相對者山

上水裏與時相對也

溫氏續解 天卦即玄空流行之氣無形可見

者也掌上尋者掌上起星辰也依運流行將所

用流行對待之山向交媾於中五然後玄空運

行八方變化何方旺何方衰水裡排龍要旺星

放在水山上排龍旺星放在山此所謂山與水

相對。亦所謂與時相對時卽天運也。水裏排龍

奧語篇中。有向放水並但把向中放水看之文。

明明指示水要從向中立空流行排出之星辰

爲旺衰也。山上排龍要從坐山排出之星辰爲

旺衰耳。

父母陰陽仔細尋。前後相兼定。前後相兼兩路看分

定兩邊安

卦有卦之父母爻有爻之父母皆陰陽交媾之妙

理。此節前後指卦爻而言。一卦之中爲父母卦前

地理合璧　卷三

卦後偏旁兩路即爲子息若不仔細審察恐于父

母之胎元不眞而陰陽有差錯矣

俗注以前兼後爲天卦屬向首後兼前爲地卦屬龍家爲兩

邊者非

直解　父母是隨氣建極之父母陰陽是隨時變

易之陰陽此陰陽名有定位無定位須從顚

倒變易之中細細辨其陰陽分其順逆故曰尋

也前後是言山上水裏之前後山上水裏各有

用法故曰兩邊安也兩邊兩路總言山上水裏

來徃各得其用耳

父母雖指卦之中氣。左右兩爻卽

是前後又謂子息要兩路看者譬如子山子卽

父母壬癸爲前後然子兼壬則陰陽不一兼癸。

則陰陽一氣若陰陽不一則吉凶亦異所以前

後相兼要兩路看也能明分定之理則兼左兼

右可兩邊安矣此雖說卦爻而言然其實要從

中五天運立極之星卽爲隨氣建極之父母玄

空流行於應用山向得何星辰再辨陰陽交媾

順逆流行卽爲隨時變易之陰陽山上水裡各

有用法故曰兩邊安也。

卦內八卦不出位代代人尊貴向水流歸一路行到

處有聲名龍行出卦無官貴不用勞心力只把天醫

福德裝未解見榮光。

八卦之內有三卦在三卦之內則為不出卦而吉。

三卦之外即為出卦而凶向須卦內之向水須卦

內。之水二者皆歸本卦則全美矣天醫即巨門福

德即武曲此乃一行所造小遊年卦例以溷挨星

之眞者也蓋謂世人誤認卦例為九星五行必不

直解 山得山之卦內水得水之卦內向得向之

卦內。此謂不出位中二句甚言不出卦之妙如

行龍先見錯雜水神又流出卦來龍來水先帶

駁雜用法又兼巨武之差錯內外都出是爲眞

出。

溫氏續解 不出位卽不出三卦之內三卦者。

即前章所註之三卦也此三卦爻有三卦數有

三卦要兼相配合而用配合既定再要收上元

一二三中元四五六下元七八九之山水分用
之法知此一訣卽能山與水與向均得卦內之
妙若出三卦卽有差錯駁襍之病矣切勿誤認
遊年卦例爲眞法也。

倒排父母蔭龍位山向同流水十二陰陽一路排總
是卦中來〇

倒排父母卽顚倒顚倒之義陰陽交媾皆倒排之法、
山向與水神必倒排以定陰陽十二陰陽卽備二
十四山之理言雖有二十四位陰陽總不脫八卦

注意
玄空挨排之
法遇陰逆之
數入中向水
山府挨之令
星皆到
之倒排父母
蔭龍傍

為父母也。

直解 倒排即顛倒山向水神必須顛倒以定陰
陽、二十四山或順或逆總自顛倒中來也、

溫氏續解

倒排即顛倒明而言之即逆行其

數也凡玄空挨排之法遇陰逆之數入中流行
二十四山之向與水與山令星皆到可收其旺
所以謂倒排父母蔭龍位山向同流水一體矣
二十四位之陰陽即十二陰十二陽也父母即
八卦九星也

密在玄空。

關天關地定雌雄富貴此中逢翻天倒地對不同秘

雌雄交媾之所乃天地之。關竅知其關竅而后交

媾可定也江南龍來江北望江西龍去望江東此

為翻天倒地已詳奧語注中

俗注以辰戌丑未為關天關地非

【直解】關即察也看也關天者察天運行消長之。

氣也關地者看地之是地非地干支顛倒之雌

雄也天地形氣既定再分雌雄再定順逆再憑

掌上排其吉凶取其合時合運者用之失時失

令者去之此挨星之妙秘密深藏全在玄空上

着眼不在形跡上尋也故曰對不同在玄空天

地二字指干支而言關卽關空中變易之干支

知空中變易之干支卽知定雌雄分順逆之奧

矣翻倒是言陰可作陽陽可作陰陰不是陰陽

不是陽之翻倒也

溫氏續解　天地卽天干地支雌雄卽天干地

支之陰陽要看所立山向上玄空排到之干支

辰巽巳
丙午丁
一　六五　八三
九二　四七
五六　七四　三八
申坤未
亥乾戌

陰陽對待入中交媾分佈之氣乘旺得令與地
體之山水合法富貴即在此中逢也所以云關
者此也翻天倒地即翻天干倒於地支之上若
非由中五玄空上挨排何能將天干翻於地支
之上哉如一運之巽向一入中順排到巽上是
午地支翻在天干上矣辰向排到辰上是丙天
干翻於地支上矣豈非翻天倒地祕密在玄空
乎。

三陽水向盡源流富貴永無休三陽六秀二神當立

見入朝堂。

三陽者、丙午丁也。天玉青囊旣重挨星生旺矣。而

此節提出三陽別有深意。非筆舌所能道。六秀者。

本卦之二爻。故曰二神。天玉以卦之父母爲三吉。

以卦之子息爲六秀。

俗注艮丙巽辛兌丁爲六秀非

直解 三陽水向是活潑潑地一處有一處之三

陽一時有一時之三陽此處可作三陽彼處亦

可作三陽此時有三陽彼時亦有三陽三陽二

字隨氣變遷不可執一注中獨提丙午丁三字○

不過以此爲例耳○

溫氏續解

能水之曲折有三節不襍坤卦之未巽卦之巳○苟

丙午丁並非三陽乃離之一卦○

立空之氣合時乘旺豈不可喻三陽而富貴無

休立見入朝堂也○一、處有一、處之三陽○庚酉辛

壬子癸亦可云三陽○一時有一時之三陽玄空

之氣山向流水總要得時得令所以獨提丙午

丁三字以此爲例耳○

水到御街官便至。神童狀元出印綬若然居水口御

街近台輔鑿鑿鼓角隨流水艷艷紅旆貴。

鼓角紅旆皆以形象言

俗注乾坤艮巽爲御街長生前一位爲鼓角後二位爲紅旆

非

直解 御街指來水印綬言羅星鼓角紅旆皆是

砂之美名此節皆以象取類應之耳俗注論方

位非

溫氏續解 御街水亦卽之玄曲折水法之至

美者也再加羅星巉塞水口氣聚於內左右之

砂宛有旗鼓相當之勢。豈非出神童狀元大格
之地哉乾坤艮巽號御街。三陽水向盡源流巽
名同實也。

上按三才幷六建排定陰陽算下按玉輦捍門流龍
去要回頭。

三才卽三吉六建卽六秀此節上二句論方位故
須排定陰陽下二句論形勢玉輦捍門皆指去水。
須纏身兜抱謂之曰回頭也。

俗注以長生諸位爲六建及玉輦捍門俱就方位言者非

直解 六建三才。言來山來水干支卦位之吉凶。

陰陽算者即算山上水裏得失之屬也。玉輦捍

門皆指去水回頭者去而復回。有戀戀不舍之

情狀也。

溫氏續解 三才即一元三吉。上元一二三。中

元四五六。下元七八九也。六秀即三吉卦偏旁

兩爻之子息。如上元坎坤震三方水來所立之

向玄空流行之氣。可以收得此三方生旺之星。

即爲三吉如所立之向玄空排來坎坤震方。不

得生旺之氣卽不可謂之三吉六秀坎坤震三

卦之爻神壬癸未申甲乙也。玉輦捍門水之形

體排定陰陽算準山上水裡與時俱合體用皆

吉所以美其名曰三才六建也。龍去囘頭者水

已流去再復向穴兜抱如子戀母不可認之以

漏道也。

六建分明號六龍名姓達天聰正山正向流支上。

天遭刑杖

下二句緊接上二句而言水之取六建是矣然卦

之山向。在四隅卦中。則用本卦支神之六建。在四
正卦中又當用本卦干神之六建。若卦取正山正
向而水又流他卦之支上是陰差陽錯而必有寡
夭刑杖之憂矣舉四正卦而四隅卦不辨自明矣
此節以下。專辨干支零正陰陽純雜毫釐千里之
微。

直解 水法中有天建地建人建馬建祿建財建
此六建乃上好格局。然恐水多則易犯差錯故
特辨之假如四正卦上有水。當用本卦干神為

天玉經

六建。如壬子癸一卦。壬癸爲建。子爲才。又爲吉。

或兼丑或兼亥。則有寡夭刑杖之憂。知此則四

隅之卦可以類推矣。

前後五節總是辨方位定吉凶之法六建三才

二神三吉丙午巳丙、指方位干支而言究其所

以然必須體用兼到爲要也。

　　此節緊按上文而言·若水從壬癸

未申甲乙之六爻上屈曲之玄而來。不襍他卦

之邊爻玄空五行又得生旺之氣卽爲之六建

分明。倘壬癸未申甲乙六處之中。有一處之水。

斜飛反跳尖射無情。即非六建矣。六建即六秀

既非三吉。又非六秀水法必有錯襍流出他卦

玄空五行山上水裏之氣。又值駁襍衰敗。定有

寡天刑杖之禍也。他元倣此。

共路兩神爲夫婦。認取眞神路。仙人秘密定陰陽。便

是眞龍岡。

共路兩神。即一干一支也。一干一支。皆可爲夫婦。

然有眞夫婦。有假夫婦。眞夫婦爲正龍。假夫婦。即

非正龍矣。如巽巳爲眞夫婦。丙午亦眞夫婦。若巳

丙則不得爲眞夫婦矣。其他倣此。

直解 兩神卽一干一支。壬子亥壬眞假之屬也。

認取指來山來水。兼坐向而言也。看准來山來

水干支夫婦。再辨其孰陰孰陽。是眞是假便是

分陰陽定五行之綱領。故名之曰眞神路。

溫氏續解 此夫婦亦云不出卦之意。如巽巳

爲眞夫婦。丙午亦爲眞夫婦而巳丙不得爲眞

夫婦者。巳丙係出卦也。然巽巳爲眞夫婦乃陰

陽一氣丙午雖屬一卦。陰陽之氣不一玄空消

長之氣雖屬有間似尙相近若巳與丙乃巽離

屬兩卦爲之出卦玄空排出陰陽父母之氣不

一吉凶旺衰亦霄壤矣所以來山來水坐山朝

向排出玄空之五行認明旺衰卽得眞神路矣。

陰陽二字看零正坐向須知病若遇正神正位裝撥

水入零堂零堂正向須知好認取來山腦水上排龍

點位裝積粟萬餘倉。

青囊天玉蓋以卦內生旺之位爲正神以出卦衰

敗之位爲零神故陰陽交媾全在零正二字零正
不明生旺必有病矣若知其故而以正神裝在向
上爲生入而以零神裝在水上爲尅入則零堂正
向豈不兼收其妙乎向水旣妙而來山之腦未必
與坐向相合又當認取果來山又與坐向同在卦
內則來脈又合非但一向之旺氣而已惟水亦然。
蓋山有來山之腦水亦有來水之源水龍卽是山
龍亦須節節排去點位裝成果能步步零神則水
之來脈與水之入口同一氣山之坐向與山之來

脉同一氣斯零正二途別無間雜而爲大地無疑

矣

【直解】零正即陰陽消長之道陽長即零轉而爲
正陽消則正轉而爲零消長不一陰陽無定茍
能考究消長之精微方曉坐山朝向之病不病
矣坐向謂坐之得則坐向之得則向重在得與
弗得不重坐與向也

【溫氏續解】零正即陰陽正神即當元之旺神。
零神卽衰星。如上元一運以一爲正神九爲零

正神百步始成龍。水短便遭凶。零神不問長和短吉

之鉅富也。

旺衰山水各得豈非富有積粟。而甚言萬餘倉

堂矣認取來山之主腦者以明零正二途高低

上排龍。要旺星到水裡低處即為之撥水入零

要旺星到實地高山即為之正神正位裝也。向

為零正耳餘運倣此坐向須知病者山上排龍。

神一為零神八為正神二為零神以陰陽對待

神二運以二為正神八為零神下元之九為正

凶不同斷。

此承上文而言正神正位裝向固吉矣然其向中
來氣須深遠悠長而后成龍若然短淺則氣不聚。
難以致福至于水則不然一遇正神雖一節二節
其殺立應矣其零神之長短又與正神有異使零
神而在水雖短亦吉若零神而在向雖短亦凶是
零神之吉凶在水向之分而不係乎長短也。

直解 正神言山上排龍零神言水上排龍山上
排龍排得正神所到之方宜來龍來脉實地高

山俱吉有水則凶所謂百步者甚言其最近也。

水上排龍排得旺神所臨之地得水便吉無論

遠與近也此亦平洋裁穴定向之要訣也○山

上之零神即水裏之正神水裏之零神卽山上

之正神上元之正神即下元之零神下元之正

神即上元之零神零正無定隨時運行而升降

者也。

【溫氏續解】　正神是指山上排龍。如一運之子

山得六爲乾屬陽順排七至乾方八至兌方九

至艮方。七八九爲上元之衰氣此方宜低宜水。

不宜高山實地子山必定午向得五屬陰逆排

到向上得一有水即吉水亦要曲動不直爲之

水來當面須深遠悠長而後成龍餘方得二三。

爲之同元一氣若向中所排一二三之旺星到

實地高山即謂之水裡龍神上山不吉所以山

上排龍排到本元之旺星爲之正神是方要來

龍來脈實地高山水裏排龍由向排到本元之

旺星爲之零神是方要低窪有水而零正無差

也百步言其緊切最近零正卽旺衰所以上元

之正神卽下元之零神耳

父母排來到子息須去認生尅水上排龍照位分兄

弟更子孫

亦承上排龍而言卦之中氣爲父母卦之二爻爲

子息而本宮他卦之父母爲兄弟上二句言山上

排龍下二句言水上排龍山上排龍從父母排到

子息總是一卦則卦氣純矣然須認其卦之生尅

若得卦之生氣則純乎吉若得卦之尅氣則純乎

凶矣豈可以其卦之純一而遂謂吉哉山上排龍

來脉一路大都只在一卦之內至于水上排龍則

不然水有一路來者亦有兩三路來者故須照位

分開而不能拘一卦只要旁來之水亦在

父母一氣之卦謂之兄弟兄弟卦內又有子孫雖

非一父母而總是一家骨肉來路雖多不害其爲

吉也凶者反是。

直解上二句言山上排龍下二句言水上排龍。

山上排龍以山爲龍者也穴後有主山卽以主

山為父母無主山以入首束氣處為父母其餘

博換傳變。高低起伏。開帳結頂之處。即為子息。

此子息是形象之子息。非挨排之子息挨排之

子息。蓋以主山入首處挨着五行為父母開帳

起祖之處挨着五行為子息。此處五行總要有

益於主山入首者為生與主山相剋相反者即

為剋。非是主山火曜不取艮金祖帶廉貞無用

曲水之呆法也。水上排龍以水為龍者也。水有

一處來者有兩三處來者有四五處來者總以

照穴有情有力處為主眾水排龍之法排着同

元一氣者。為兄弟挨得五吉三星者。亦為兄弟。

兄弟之左右兩爻便為子息非子父財官之子

息也。

溫氏續解

山龍之來脈只有一路主山入首

處為父母八方之星辰為子息此山龍體之父

母子息也水龍之來脈水有數處來者以照穴

有情權力獨勝之處為父母八方之枝浜小水

為子息此水龍體之父母子息也而用之父母

子息者。如一運以坎為旺。坤震卽是同元一氣

為兄弟。坎之中爻子為父母邊爻壬癸為子息

坤震卦內之邊爻為兄弟之子息來山來水亦

要與父母陰陽一氣純而不襍如子午兼癸丁

之向坤震卦內要收申乙子息之爻神不可襍

未甲地元子息之氣也水之來路雖多。總要歸

一元三吉之氣。三吉之中又要分淸天地人三

卦之純一不雜若一雜出元卦內之山水非惟

挨排之玄空五行不能生而且受克無疑矣此

云父母子息者。非定位坎坤震之一元三吉仍

要玄空流行排出之父母子息也。故須照位分

開水有兩三路來。而不能拘一卦之父母純一。

而卽謂吉也

二十四山分兩路認取五行主龍中交戰水中裝便

何公頭仔細認蹤由

是正龍傷前面若無凶交破莫斷爲凶禍凶星看在

此一節專舉卦之差錯者而言。兩路者陰陽生死

也。二十四山。每山皆有兩路非分開二十四山歸

兩路也。兩路之中。須認取五行之所主。五行所主

貴在清純。若龍中所受之氣。既不清純。而吉凶交

戰矣。倘能以水之清純者救之。庶龍氣遇水制伏。

而交戰之凶。威可殺奈何又將龍中交戰之卦裝

入水中則生氣之雜出者不能爲福而死氣之雜

出者適足爲禍正龍有不受其傷者乎然水之差

錯其力足以相勝吉多者吉勝凶凶多者凶勝吉。

入口雖然交戰。而來水源頭若無凶星變破則氣

猶兩平雖不致福亦未可遽斷爲凶禍且凶星之

應。亦有公位之分吉凶雙到之局只看某房受著。

便于此房斷其有禍不受著者亦不應也非如純

凶不雜之水房房受其殃禍之比故其終尤當仔

細認云。

直解　五行主者山水清純一卦之主也如來龍

出卦與左鄰右舍相雜此謂龍中交戰水神又

流出卦與他卦干支混淆此謂水中交戰挨星

又一得一失裝在水中此謂空中交戰山與水

俱屬吉凶交戰用又牛吉牛凶如是正龍有不

受其傷者乎前面言水。水上挨星若無凶星交

戰未可遽言其凶。末二句與公位若來之意同

耳。

溫氏續解　二十四山豈有兩路以玄空之一

山一向順逆挨排豈非有兩路乎認取五行主

者。要認所用之來山來水一卦清淨玄空挨排

之九星五行。無夾襍旺衰之氣。若來山來水夾

襍兩卦旺衰之氣。五行又屬金木交戰卽來龍

已屬差錯豈非吉凶不一而正龍已傷。若再形

體有凶山惡水之情狀。凶禍可必矣。若形勢無

凶破玄空五行雖有金木交戰。兩卦旺衰夾雜

之氣尚不能與妖發禍。所以不可遽斷爲凶也。

如玄空交戰駁雜之氣流行於交破之方。其凶

即值公位之何房公位云何。乾爲老父。震即長

坎即中良即次坤爲老母。巽爲長離爲中兌爲

次。此卦之分公位也。數之公位以一爲長四爲

中七爲次。二三爲長之中次。五六爲中之中次。

八九爲次之中次以三卦之分公位。乾坤艮巽

子午卯酉爲長寅申巳亥乙辛丁癸爲中辰戌

丑未甲庚壬丙爲次。一四七爲長二五八爲中。

三六九爲次貴操術者之隨地取裁隨時變通。

無不驗也卦與數形與氣從玄空會合而公位

之吉凶始定矣

先定來山後定向聯珠不相放須知細覓五行蹤富

貴結全龍

此節單就山上龍神而言青囊天玉原以來山所

受之氣與向上所受之氣分爲兩局然兩局又非

截然兩路。故云聯珠不相放。此不可約略求之者

也。須當細覓蹤跡若是富貴悠久之地必然來山

是此卦而向首亦是此卦一氣清純方得謂之全

龍耳

直解　先定來山者先將山上星辰用得合法山

管人丁。故以山爲先也。後定向者向首一星禍

福之柄水主財祿故以向爲後也。山向雖有先

後之分其用則一故云不相放。細覓五行踪者。

要在翻天倒地中細覓也。全龍者向首是此一

卦來山亦是此一卦氣質清純陰陽相配此謂
之全龍也

溫氏續解　先定來山者排坐山之星辰也後
定向者排向首之星辰也如一運之子午向坐
山之星得六向首之星得五五六卽爲陰陽對
待入中交媾先以坐山之六玄空排出山上得
何星辰山主人丁所以要先定來山也後以向
首之五玄空排出向上得何星辰水主財祿所
以後定向也結全龍者坐山向首所排之氣各

乘生旺爲全龍也。

五行若然翻值向百年子孫旺陰陽配合亦同論富
貴此中尋

此節亦上二句言山上龍神下二句言水裏龍神

五行翻值向者五行之旺氣值向也翻卽翻天倒

地之翻言生旺氣翻從向上生入也山管人丁故

云百年子孫旺而富貴亦在其中矣陰陽配合水

來配合也亦與向上之氣同論但用法有殊耳水

管財祿故云富貴此中尋而子孫亦在其中矣

直解 翻卽翻天倒地之翻五行值向者。天元九

氣之旺星翻值向也。陰陽配合者陽水陰山雌

雄配合元竅相通也。翻倒雖有山水之分其用

則一。故曰亦同論此卽山水陰陽顛倒顛之意。

溫氏續解　以天運入中流行於應用山向之

上再以山向上之所得星辰屬何陰陽交媾於

中五順逆挨排翻天干倒於地支之位玄空排

到向上得當元之旺星故曰翻值向也。如一運

坎為旺立午向玄空所乘之氣午上仍是坎豈

非坎一之旺氣。翻從向上生入。子孫之盛百年

可必。再加陽水陰山之配合。子孫之富貴在此

中尋乎。

東西父母三般卦。算值千金價。二十四路出高官緋

紫入長安。父母不是未爲好。無官只豪富。

此節發明用卦之理。重卦體而輕爻。重父母而輕

子息。蓋同一生旺。而力量懸殊也。言東西而南北

在其中矣。青囊天玉之秘只有三般卦訣若二十

四路不出三般之內。則貴顯何疑。然卦內又當問

其是卦之父母否。高官緋紫。必是父母之氣。源大

流長。所以貴耳。若非父母而但乘爻神子息之旺。

則得氣淺薄。僅可豪富而已。

直解 此陰彼陽。此東彼西。名無定位。無定位。

陰陽顛倒變化錯綜。方是真元空真陰陽真五。

行。真血脉真龍神。若拘呆法。硬派某干屬陽某

干屬陰某山旺某元某水旺某運者。真謬。何曾

夢見耶。○東西卽顛倒父母卽陰陽三般卽顛

倒顛。元空起父母之三般。此三般總由日月往

來。運行遷謝父母。陰陽。隨時而在者也。○體與

用。各有陰陽父母用有隨機建極之父母隨時

變易之陰陽體有重卦輕爻重父母而輕子息

之趨避楊公恐人誤會故又翻覆詳辨之耳。

溫氏續解　玄空大卦五行。其秘只有此三般

卦訣而其入用之法。雖在首章江東一卦篇中。

已經詳註其中細義究未明晰特再宣泄畢露

其奧。學者不可因得訣太易。忽於精求仍蹈誤

人自誤也。三般卦者即二十四山卦爻之父母

地理合璧　卷三　三二一

子息分為天地人三元之三卦各得其八爻也

數之三般者即洛書之一四七二五八三六九。

流行之九氣分為天地人三元之三般也卦為

數之體數為卦之用如時在上元一運穴立子

午兼癸丁天元兼人元卦之向而照穴有情之

水在丑戌星成體之山在戌而丑戌兩爻均在

地卦之內若起地元之父母又須以七為父母

矣以七入中排到向首是二屬坤卦地元之爻

神是未屬陰逆行至丑上是八為上元水裏之

衰氣是方有水卽爲出元出卦水主財祿定必
退財仍以七之父母入中排到山上是三屬震
卦地元之爻順是甲屬陽順行至戌上是四亦
爲上元山上之衰星是方有山亦爲出元出卦
山主人丁定必傷丁再兼玄空五行之氣相克
有形之質其凶立見若照穴有情之水在戌成
星成體之山在甲山水雖屬出卦而玄空所挨
之星當元乘旺又屬同元一氣卽爲之地卦出
而天卦不出反凶爲吉也若穴立地元兼人元

地理合璧　卷三

卦之山向照穴有情之水成星成體之山均在

天元卦內又須以一爲父母挨排矣若穴立天

元兼地元之山向照穴有情之水成星成體之

山均在人元卦內又須以四爲父母挨排矣如

交二運以二爲天元五爲人元八爲地元如交

三運以三爲天元六爲人元九爲地元天地人

者上中下三元也此即經四位起父母山水分

用三般卦之秘訣也若卦之中氣數之首元爲

父母之氣元大力厚所以能貴耳若卦之邊爻

數之中次。爲人地子息之旺。受氣淺薄。僅可豪

富而已。所以天元可統人地父母可兼子息若

用邊爻相兼出卦之山向又須以兩卦所屬父

母之氣元空挨排以定山水之旺衰耳知此三

般細義卦數作用之法一部辨正洞若觀火絲

絲入扣矣下文四節之三般名異實同也其樞

在中五與艮坤兩卦之內。冬至一陽生於艮卦

之丑。夏至一陰生於坤卦之未天地四時之眞

陰眞陽含於艮坤土氣之中爲領袖金木水火

四行之化環繞中五。爲太極陰陽犬牙之相錯。

一四七二五八三六九之顛倒錯綜總在艮坤

之內。所以陰陽交媾對待相射之氣必藉中五

之大土可以升降變化土貫四行天根月窟乃

中五與艮坤也。

父母排來看左右向首分休咎雙山雙向水零神富

貴永無貧若遇正神須敗絕五行當分別隔向一神

仲子當千萬細推詳。

亦承上文用卦須父母而言父母排來要排來山

之龍脉也。來出屈出必不能盡屬父母兼看左右

兩爻子息若何。若子息清純不雜又須向首所受

之氣逢生旺則休遇衰敗則咎若雙山雙向卦氣

錯雜須得水之外氣悉屬零神尅入相助則雙山

雙向爲水神所制伏而富貴可期矣萬一水路又

屬正神則生出尅出兩路皆空而敗絕不能免矣

公位之說乃因洛書八卦震兌坎離而定孟仲季

三子之位隔向一神猶在離卦之內故云仲子天

玉略露一斑以爲分房取驗之矩矱言仲而孟季

可以類推矣

[直解]山向乃穴之主腦吉凶萬端從此而出順

逆陰陽從此而分如用雙山五行之山雙山五

行之向卦氣已屬兩家。左右順逆仍屬一氣者

無碍。水用零神毫無夾雜。亦能發福倘所坐所

向之方界乎半陰半陽之地水神又在不零不

正之間。如是欲謂之左非左謂之右非右謂之

正非正謂之零非零矣山向水神生出尅出敗

絕必不能免矣夫雙山雙向卦氣既屬不一則

地理合璧 卷三 天玉經

九星從何氣而分其陰陽從何卦而別其順逆乎。當分別者謂當分坐山得何五行向首得何五行知坐山向首之五行。則某山吉某山凶某水合某水不合不辨而自明矣。所云隔向一神者帝釋是也。○俗術分房之說。都以左為長右為季面前為仲註云隔向一神猶在離宮之內。蓋指一時一氣一宮一向而言也。若時運變遷斗轉星移。則隔向一神亦隨之而變易矣。隔向一神既隨之而變易。則孟仲亦隨之而更換斷非左孟右季之呆法也。可知矣。

溫氏續解

父母是卦之中氣。左右指兼向而

言。雙山雙向者。如子癸午丁之騎縫線。雖不能

以何爻爲主元空五行挨排總屬坎離兩卦陰

陽亦是一氣水又零神乘旺雖屬空向所以尚

能發福若丑艮丁未騎縫之向而丑艮固在一

卦所挨之氣陰陽夾雜丁未已屬兩卦所排父

母之氣。順逆不同。離非離而坤非坤究以何卦

五行爲主而可元空挨排其孰旺孰衰旺衰既

不能有一定其所來之氣所排之星定然吉凶

不一再水裡又值衰敗之正神五行生克之氣

不一豈非要敗絕也哉仲子即離卦之丙亦指

元空而言非呆方位之丙也

是方倘若形勢尖射反背元空之氣又值衰敗

則中房受殃必矣所以非指方位而言要隨時

變易之一宮一向而言也

若行公位看順逆接得方奇特宮位若來見逆龍男

女失其蹤。

承上文仲子一神而繫言公位之說。順則生旺逆
則死絕然不云生死而云順逆者若論山上龍神
則以生氣為順死死氣為逆若論水裏龍神則又以
死氣為順生生氣為逆故也。

直解公位卽孟仲季分房之說。順逆卽往來得
失之屬接得云者蓋現在與將來相接也。現在
與將來相接方為奇特如與過去已往者相接。
便謂之逆又有半與將來相接半與已往相接
亦謂之逆是有失踪之患矣註中以生氣為順

死氣爲逆專指山上排龍而言若論水裏排龍

則又以生氣爲得死氣爲失顛之倒之所謂水

用逆星仍用順即同此意

溫氏續解　此公位即上文所云之公位孟仲

季也卦有乾領三男坤領三女一卦之中亦有

孟仲季之分數亦有一卦中之三爻爲一四七。

二五八三六九孟仲季之分一元三吉亦可云

孟仲季總要從玄空流行之中山上水裏排到

有權有力之處得生旺爲奇特若得衰死之氣

即為逆龍。丁財兩衰則男女失其蹤矣。

更看父母下三吉三般卦第一

通篇皆明父母三般卦理反覆詳盡矣。終篇復申

言之。若曰千言萬語只有此一事而已。無復他說

矣。蓋致其叮嚀反覆之意云

【直解】三吉即一元三吉。三般即顛倒顛玄空起

父母之三般習是術而不知此三般起父母之

奧。一切說玄說妙。總屬胡言反覆叮嚀不過反

覆詳盡之意耳

地理合璧 卷三 天玉經 三十九

溫氏續解

父母即前章玄空經四位而起父
母三吉即一元三吉上元一二三中元四五六
下元七八九也要從玄空起父母之中顛倒流
行收得三吉之氣即為之第一也三般起
詳註首章及東西父母三般卦之篇中矣勿再
複述。

內傳中

二十四山起八宮貪巨武輔雄。四邊盡是逃亡穴下
後令人絕。

此節反言以見旨與起下文之意言一行所作小

遊年卦例。以二十四山起八宮。而取貪巨武輔爲

四吉。若其說果是。則宜乎隨手下穴皆吉地矣。何

以四邊盡是逃亡穴。下後反令人敗絕哉則知卦

例不足信而別有真機如下文所云也。

八宮卦例以八卦之陰陽分順逆并有以

六十四卦每卦分得八卦定吉凶者亦非也。○

此節專論八宮卦例之非恐人誤認故特辨之。

此節申明一行所作卦例之非所

以下卽接挨星為貴耳。

惟有挨星為最貴泄漏天機秘天機若然安在內家
活當富貴天機若然安在外家活漸退敗五星配出
九星名天下任橫行

緊接上文卦例旣不可用惟有挨星玄空大五行
乃為陰陽之最貴者天機秘密不可流傳于世但
可偶一泄漏而已安在內不出三般卦之內也安
在外出三般卦之外出卦不出卦禍福逈分安得
不貴耶夫挨星五行非如遊年卦例但取四吉而

已。蓋八卦五行配出九星上應斗杓知九星之作
用。便可橫行天下。無不響應矣卦例云乎哉。

直解　法將得時得令之星安合時合局之水謂
之安在內自有富貴之應。若令星不得其所謂
之安在外自有退敗之患。在山在水一同論也。
五星配出九星即八卦配出九宮九宮分作三
元。如此推度行乎天下。無不響應執定卦例之
說者宜細推之方知此是彼非所云最貴者謂
法之最貴也。得傳之後切不可浪洩天機輕示

非人以招造物之忌也是法始于晉盛于唐自

五代及宋元注書立說者數十百家諸法雜出

以僞亂眞紛紛聚訟龍蛇莫辨于是有心者無

所依歸求食者藉爲憑信如是則僞者日益盛

眞者日益失矣

溫氏續解　理氣惟挨星之法最爲地理眞傳

餘俱僞法天機安在內者·如上元一運穴立子

山午向要玄空流行之氣排來。四面八方之山

水不出子午卯酉乾坤艮巽天元一卦之內。再

此八字之中。有山有水之處。挨到當元當旺之
星與山水合時合局即為之安在在若用壬丙
向則又要不出辰戌丑未甲庚壬丙地元一卦
之內癸丁向又要不出寅申巳亥乙辛丁癸人
元一卦之內。此即為不出三般卦之內也。若山
向之兼左兼右兼干兼支總要收淨一卦若所
立之山向或兼出卦或雖屬一卦陰陽夾襍玄
空流行之氣再值衰死即為之安在外也家業
退敗必矣知此玄空流行五星配出九星之法

而地理之道可橫行天下也。

干維乾艮巽坤壬陽順星辰輪支神坎震離兌癸陰
卦逆行取分定陰陽歸兩路順逆推排去知生知死

亦知貧留取教兒孫。

此節分出玄空大卦干支定位以足前篇父母子
息之義四維之卦以天干爲主者也干維曰陽四
正之卦以地支爲主者也地支曰陰此陰陽非交
媾之陰陽也知卦之所主則父母子息不問而自
明矣其陰陽兩路每一卦中皆有陰陽兩路可分

非將八卦分為兩路何者屬陰何者屬陽也其順

逆推排即陰陽兩路分定之法非乾艮巽坤為陽

順坎震離兌為陰逆若如此分輪則皆順也何云

逆乎至于四卦之末各綴一字曰壬曰癸此又挨

星秘中之秘可以心傳而不可以顯言者也。

直解四維之卦以乾坤艮巽為主四正之卦以

子午卯酉為主知卦之所主即知卦之父母子

息矣知此即知何者屬陽何者屬陰空中分陰

陽定五行辨順逆之法矣所言壬癸是隨時而

在之壬癸非方位干支之壬癸即在在之壬癸

亦有陰陽兩路可分當細細揣之自得在在氣不

在方之訣矣○乾坤艮巽子午卯酉皆卦之中

氣卦之中氣爲父母偏傍兩爻爲子息。

溫氏續解

此以蔣公羅經二十四山之干支。

分爲十二陰十二陽之所以然此陰陽之根原

實從壬奇中之寄宮也壬寄於亥癸寄於丑八

干四維皆寄於十二支取戊己歸中爲皇極所

以序中故曰先天羅經十二支也此章說出干

維乾艮巽坤壬甲丙庚俱屬陽順支神坎震離

兌癸乙丁辛俱屬陰逆各綴一字曰壬曰癸至

下文全露甲庚壬丙俱屬陽乙辛丁癸俱屬陰

一卦之中有支中兩干有干中兩支即陰中有

陽陽中有陰一卦之中皆有陰陽兩路可分蔣

公恐人不明以紅黑字別之非定干支之紅黑

字爲陰陽要從元空流行干支紅黑字之陰陽

爲順逆作用耳

天地父母三般卦時師未曾話玄空大卦神仙說本

是此經訣不說宗枝但亂傳開口莫胡言若還不信

此經文但覆古人墳。

日天地日東西日父母日玄空日挨星異名而同

實若于字義屑屑分疏則支離矣此節蓋恐學者。

得傳之後以為太易而輕忽之故極言贊美以鄭

重其辭非別有他義也。說到覆古人墳是徵信實

著予得傳以來洞徹玄空之理今故注此經文駁

前人之謬直捷了當略無畏縮皆取信于覆古人

墳。蓋驗之已往證之將來深信其一豪之無誤自

許心契古人而可以告無罪于萬世也。

直解　天地即干支父母是變易干支之父母三

般即翻天倒地顚倒二十四龍之三般宗枝。

起父母之宗枝也起父母之宗枝若不從此三

般便是僞法然此三般卦訣秘密深藏貴在心

傳。難以言顯楊公說到覆古人墳蓋驗之已往

卽可證之將來。深信其一毫無訛耳

溫氏續解

二五八三六九三般即一卦之中有三爻三爻

天地即天干地支父母卽一四七。

天玉經

之中。有一四七二五八三六九之分爲天地人也。如離宮一卦爲丙午丁三字午爲天元以一入中順數午上是五丁爲人元以四入中順數丁上是八丙爲地元以七入中順數丙上是二。豈非一卦之中亦有天地人之三卦乎餘卦餘運仿此宗枝者卦爲之宗邊爻爲之枝亦卽父母子息也所以元空顚倒二十四山若不從卦數相配天地人三元之作用便是僞法時師何知其妙開口皆是胡言說到覆古人墳可謂不

能假借粉飾欺人耳用法細義已詳東西父母

三般卦之篇中不再複及

分郤東西兩個卦會者傳天下學取仙人經一宗切

莫亂談空五行山下問來由入首便知蹤

此亦叮嚀告戒之語而歸重于入首蓋入首一節

初年立應尤不可不愼也

直解 分者卽分元空顚倒之機也元空顚倒之

機蓋以來者爲東往者爲西陽者爲東陰者爲

西動者爲東靜者爲西非世俗以坎離震兌分

西

東西也。又非以十二支左兼右兼水法之左到

右到分東西也。兩個是言隨時而在之陰陽也。

苟能分得在在之陰陽。則知此陰陽彼陽此東彼

西之兩個矣。曉得此兩個定卦分星之奧下卦

起星之訣畧見一班矣。

東西即對待對待卽陰陽陰陽即

往來無形之氣上元坎卦一運來而下元離卦

九運已往矣八卦九星俱要到中五方能依數

玄空流行順逆顚倒陰陽從此而轉所以入首

者論宗枝。

分定子孫十二位。災禍相連值千災萬禍少人知剋

之來由要問五行山者即中五也既知玄空顛

倒之機悉由中五定卦分星之奧下卦起星之

訣可曉然矣

此節直糾時師愼認子孫之害蓋子孫自卦中分。

出。位位不同豈如俗師干從支支從干二十四路。

止作十二位論若如此論法必致葬者災禍相連

値矣既遭災禍而俗師終不知所以災禍之故胡

猜亂猜或云干凶或云支凶總非眞消息也夫災

禍之發乃龍氣受尅所致而龍氣之受尅實不在

干支蓋有爲干支之宗者爲所謂父母是也知其

宗之受尅則知干支亦隨之而受尅所以不免蓄

禍耳深言十二位分子孫之說之謬如此

直解　當世所用雙山五行之法呆將二十四山

分作十二位論陰陽辨順逆總由不知顚倒顚

玄空起父母之宗枝也玄空起父母之宗枝二

十四山陰陽不一顚倒無定隨氣運行隨時變

易乃是眞玄空。眞陰陽。眞五行。若拘呆法硬派

某干屬陽。某干屬陰者。斷非知音之輩也。

溫氏續解

山干支陰陽。分定十二位之二十四

時師只論羅經呆方位之二十四。不知此子孫

要從玄空流行干支之宗。而父母受尅子孫亦

隨之而受災禍也。如巽卦來龍玄空流行乘着

乾金無形之氣。巽為卦之中氣為父母。父母既

為乾金所尅。而巽卦之爻神辰巳。卽為子孫亦

無不隨之而受克矣。所謂宗之受尅枝亦隨之

地理合璧 卷三 天玉經

而受尅也。災禍豈能免哉餘卦仿此。

五行位中出一位仔細秘中記假若來龍骨不眞從

此誤千人。

此節又詳言出卦不出卦之密旨蓋同一出位而

有卦內卦外之不同若在卦內則似出而非出若

在卦外則眞出矣此中有秘當密密記之在卦內

則龍骨眞在卦外則龍骨不眞矣。

直解 地卦不出天卦不合卽謂卦外地卦出而

天卦不出是謂卦內卦內云者在天心生旺之。

卦內也。出一位即已丙亥壬申庚寅甲之出一

位。曉得出一位之眞訣隨手拈來無非妙用所

謂不眞者。非龍脉石骨水口種種之不眞是挨

星訣之眞不眞也。如不得眞訣所誤豈止千人

而已哉出一位即是兼貪兼輔之出一位山水

錯雜用合補救此謂之骨眞又名卦內水有三

吉四吉元空僅得其一二即謂不眞又名卦外。

當細細揣之自少悞人之作矣。　　五行出一位

| 溫氏續解 | 五行出一位則出卦而生旺不能

二運乾山巽向

四 八 三
六 四 一
二 九 五

六 二 七
五 七 三

二 九 五
四 三 七

二運壬山丙向
二 六 四
九 二 六
四 九 七
三 五 八

八 四 九
四 九 三
三 八 五
一 七 六

同元一氣也地卦出而天卦不出者如二運之
用巳向兼丙地卦巳出玄空五行排來巳上得
二丙上亦得二豈非向雖出卦而星得當旺當
令之星地卦雖出天卦同屬一氣為不出也卦
外者所立之向雖不出卦所乘之氣是失時衰
死豈非雖不出卦而玄空流行星氣不合即為
之卦外矣兼貪兼輔之出與不出前註東西父
母三般卦之出與不出也知此卽龍骨之眞與
不眞不辨而自明矣

一個排來千百個莫把星辰錯龍要合向向合水水

合三吉位合祿合馬合官星本卦生旺尋合凶合吉

合祥瑞何法能趨避但看太歲是何神立地見分明

成敗定斷何公位三合年中是

一個排來變化不一故有千百個也龍向水相合

前篇已盡祿馬官星在本卦生旺則應不然則不

應此見生旺為重而祿馬官星在所輕矣

直解　合而為一散而為九縱橫顛倒流轉星辰

變易不一陰陽無定千百個者甚言陰陽之千

變無窮也星辰錯非爲合官合貴之錯正言不

合生旺之錯龍向水都合生旺再合之以官貴

自然應驗倘不合生旺空堆祿馬貴人有何益

哉所言太歲三合總論錯不錯之應驗也

溫氏續解　一個排來即九星中之一星隨時

入中立極流轉星辰顚倒三八陰陽順逆變化

不一甚言有千百個之多也但所用星辰須得

生旺不可錯認衰死之氣龍要合向者山上排

龍要山上得旺水裏排龍即向上排出之星要

水裡得旺卽為之龍要合向向合水也三吉卽

一元三吉應驗之吉凶太歲臨方或三合年中

公位之禍福不失也

排星仔細看五行看自何卦生來山八卦不知踪八

卦九星空順逆排來各不同天卦在其中

五行總在何卦中生不在干支中定所謂父母子

息也不知八卦踪跡從何而來則九星無處排矣

蓋星卦之順逆各有不同卽此一卦入用或當順

推或當逆推有一定之氣而無一定之用所謂天

之矣。

下諸書對不同也要而言之則玄空二字之義盡

直解何卦生蓋言何元之生旺何運之主張五

行者天心流轉之五行也天心流轉之機總在

何卦之所主何卦之所生仔細查准然後分陰

陽定五行則知何山當順推五行何山當逆挨

九星若不知何卦所生何卦所主之縱跡八卦。

九星豈非空有耶卽此一卦用於此處當順用

於彼處當逆用於此時當順用於彼時當逆此

乃天卦在中之所使也。

溫氏續解

看五行即看九星五行也要從卦
中排出以卦為主不以二十四山之干支為主
也如壬子癸屬坎為水丑艮寅屬艮為土要玄
空排出八卦九星之五行即為父母干支即為
子息如上元一運以坎入中即知玄空所排之
五行自坎卦生來既知五行自卦中生出然後
用何山向或順或逆皆由天卦在中之所使天
卦即玄空流行隨時之天運也若不知來山八

卦之蹤跡豈非八卦九星皆空矣

甲庚丙壬俱屬陽順推五行詳乙辛丁癸俱屬陰逆

推論五行陰陽順逆不同途須向此中求九星雙起

雌雄巽玄關眞妙處

此畧舉干神卦氣之例陽四干則順推八卦陰四

干則逆推八卦一順一逆雖不同途而此中有一

定之卦氣可深求而得者至其每卦之中皆有一

雌一雄雙雙起之法乃陰陽交媾玄關妙處也又

不止一卦有一卦之用而已舉八干而支神之法

亦在其中矣

直解　所言甲庚是來何地落何宮隨氣變易之

甲庚非東甲西庚之方位如拘於東西甲庚之

方位則二十四山宜有一定何來有時占陽有

時喚陰之更變耶占陽即陽喚陰卽陰豈非九

星雙起一山兩用之元關耶

溫氏續解　此節甲庚壬丙屬陽順推五行乙

辛丁癸屬陰逆推五行至此方與前節干維乾

坤艮巽壬陽順星辰輪一章合而觀之說明八

干四維之陰陽支神坎震離兌癸者而坎震離
兌即子午卯酉屬陰綴一癸字巳藏此節乙辛
丁癸爲陰寅申巳亥辰戌丑未四陽四陰相輔
乾坤艮巽而二十四山之干支陰陽悉具畢露
至順逆顛倒仍要玄空流行隨時變易來何地
落何宮之甲庚壬丙爲陽乙辛丁癸爲陰之陰
陽也其非板位不易二十四山紅黑字之陰陽
可知矣此陰陽之根原出於壬家之寄宮前節
註明勿再複及

東西二卦真奇異須知本向水本向本水四神奇代

代著緋衣。

此節又重言向水各一卦氣兼收生旺之妙向上。

有兩神水上有兩神故曰四神。

直解 二卦者山有山之卦氣水有水之卦氣山

有山之用法水有水之用法也本向本水者水。

得本元之水向得本元之向也向上有兩神水

上有兩神此謂四神當在陰陽交會上。

推算不在別處也水得本元之水自無上山之

地理合璧　卷三　天玉經

五一四

患山得本元之山自無下水之病矣。

溫氏續解

東西卽日往月來之盈虛消長四

神卽玄空流行無形氣中當元當令之生旺排

到向水上之陰陽交會卽在中五由中五順逆

排去向與水豈非各有兩神乎總之向水均要

各得生旺不犯上山下水緋衣之應必矣富亦

在其中也

水流出卦有何全一代作官員一折一代爲官祿二

折二代福三折父母共長流馬上錦衣遊馬上斬頭

水出卦一代爲官罷。直山直水去無翻場務小官班。

水不出卦須折折在父母本宮若折出本宮雖折

而後代不發矣馬上斬頭卽一折父母便流出卦

如斬頭而去也。本卦水又以曲折爲貴乃許世代

高官。若止直流雖然本卦而官職卑矣。

此節專言曲水之吉凶水有一兩曲者有

八九曲者。經云水曲則氣動水折則氣活水法

雖以曲爲吉然曲多則易犯出卦必須曲曲折

折都在一氣之內一宮之間。方爲上吉。錦衣云

者甚言曲而不出之吉也如一曲一折便屬零

正混淆陰陽夾雜即爲出卦亦有近水清純遠

水雜亂者亦有遠水清純而近水錯雜者亦謂

之出卦自有一代之應驗也所謂場務小官者。

是言直來直去之應驗也。

溫氏續解　　此節言水法形體曲折之玄便爲

吉地但要曲折之玄之處須在一元之內如上

元收一二三之氣若雜四五六七八九便爲出

卦若近穴三折不雜他元又是卦之中爻父母

之氣自然馬上錦衣定必發貴近穴三折最爲
緊切餘曲雖多似可稍畧若水形固曲一折卽
直流而去雖貴亦小且不悠久也此節形氣並

講

內傳下

乾山乾向水朝乾乾峯出狀元卯山卯向迎源水驟
富石崇比午山午向午來堂大將值邊疆坤山坤向
水坤流富貴永無休。

此明玄空大卦向水兼收之法。舉四山以例其餘。

皆卦內之清純者也。乾宮卦內之山作乾宮卦內

之向。而收乾宮卦內之水。則龍向水三者俱歸生

旺矣。非同龍顧祖之說也。或云狀元。或云大將。或

云驟富者。亦錯舉以見意。不可拘執

直解　乾山者。乾運卦內之山也。乾向者。乾運卦

內之向也。乾水乾峯者。水亦乾運卦內之水峯

亦乾運卦內之峯也。然非坐水之說。其訣可以

一語破者。向上水上之星。卽山上之星也。

如六運穴立坤艮之山向。以六入

中艮上得九坤上得三玄空陰陽順逆排去艮

上仍得六坤上亦得六豈非山上向上俱得當

元當令乾六之旺星若坐後再有挺拔奇秀之

峯向上有之玄曲折不雜他卦之秀水疊疊用

此合時合局合吉之地貴秀何疑若坐後主山

並無奇峯向上亦無秀水而乾方有挺拔奇秀

之峯來水三義有曲貴秀水由玄空山向所排

之氣均屬同元一氣亦是龍向水三氣俱合此

節以理氣以喻義非實指必出狀元大將乃所

發富貴必大無疑也其餘按運或由山向或由

三卦挨排耳總之要玄空會合無形之氣並非

以定位言也

辨得陰陽兩路行五星要分明泥鰍浪裡跳龍門渤

海便翻身。

陰陽兩路上文屢見此重言以申明之耳下二句。

言變化之易

直解 辨卽辨玄空變易之陰陽辨清玄空變易

之陰陽自曉陰陽順逆之兩路矣既識兩路再

地理合璧　卷三　天玉經

五十七

辨山上水裡之宜忌。氣運消長之得失。陽水陰

山之配合。兼貪兼輔之得宜自能一葬便興與魚

龍變化於頃刻間也

玄空五行陰陽順逆上文註明。此

再申明山上水裡不可顛倒誤用再能體用合

法。自有魚龍變化之妙也。

依得四神爲第一。官職無休息穴中八卦要知情穴

內卦裝清。

前篇本向本水四神奇。是姑置來龍而但重向水。

地理合璧 卷三 天玉經

此節穴上八卦要知情又從穴上逆推到來龍以
補四神之不及。穴上是龍穴內卽向也

直解 依者承上文而言也上文專言向水上之
四神此節兼山向水而言也穴中指山穴內言
水。山上水裏各有兩神故曰四神此四神先要
曉得何山得何五行何水得何五行細細裝清。
方知山上得何兩神向首得何兩神水裡得何
兩神如是可得四神之捷訣矣。

溫氏續解 前章註明四神以立空五行排到

向水之各有兩神。要不犯山上水裡乘着衰氣。

此節方露穴中一語。而穴中指山可見山上亦

有兩神。不獨向水要兼收其旺。即山上兩神亦

不可忽也。四神者實指山向而言。水由向排水

上豈能不收其旺乎。水上既收其旺。而由坐山

逆挨到來龍入首之處。亦要同元乘旺四神之

奧得矣。

要求富貴三般卦出卦家貧乏。寅申巳亥水來長五

行向中藏。辰戌丑未叩金龍動得永不窮若還借庫

富後貧自庫樂長春。

前篇甲庚壬丙一節是四正之卦此節又補四隅
之卦觀此則支水去來凶之言當活看不可死看
矣辰戌丑未雖俗云四庫其實玄空不重墓庫之
說借庫出卦也自庫不出卦也是重在出卦不出
卦不重墓庫也

直解 寅申巳亥、辰戌丑未、俱屬四維之爻神五
行卽大元空九星五行卽金龍向中藏者是言
水裏龍神得與失也得爲動又謂自庫不得卽

謂出卦又謂借庫借庫自庫不論水之去來總
要得五行生旺之氣不必拘於庫與不庫也○
時師一見水來便云立某向收某方水來為長
生水到堂左水到右者當立陽向如右水到左
者當立陰向長生官旺方水宜來衰病死絕方
水宜去去處必須辰丑戌未方便為歸庫九州
一例中外皆然深可痛哉

溫氏續解　三般卦訣首章與東西父母兩節。
已經發明。天地人三大卦之卦數詳細用法矣。

前註乾坤艮巽與子午卯酉爲天元乙辛丁癸

與寅申巳亥爲人元甲庚壬丙與辰戌丑未爲

地元陰陽配合爲三若所立山向在天元卦中

玄空所乘之氣在人地兩元卦內即爲出卦若

所乘天元卦內一二三之氣在人地卦中爲出

而不出此非眞出若去來之水在人地卦內所

乘之氣又是七八九地元之衰氣時值上元山

向又立天元去來之水在人地兩卦之內玄空

所乘之氣又值衰敗豈非家要貧之乎如立丙

向兼巳亦為之出卦若所乘之氣生旺亦非眞

出若値衰氣則眞出矣此乃卦爻之三般一四

七。二五八三六九爲數之三般卦與數合而爲

一也其中奧妙各有父母用法已註前章恐學

者泛泛故再複及

大都星起何方是五行長生旺大旆相對起高岡職

位在學堂捍門官國華表起山水亦同例水秀峯奇

出大官四位一般看

此節言水上星辰卽山上星辰只要得生旺之氣。

在山在水一同論也。

直解　此節言山上水裡在右功曹龍虎案托、捍門華表貴得生旺之氣在山在水一同論也。

溫氏續解　此節兼形局而言要山上水裡所得星辰生旺無上山下水之病四面八方形與氣處處相生相合所以為大都星辰起於何方為是山龍水龍同為一例。坎離水火中天過。龍墀移帝座。寶蓋鳳閣四維朝。寶殿登龍樓罡劫弔殺休犯著。四墓多銷鑠。金枝玉葉四孟裝金廂玉印藏。

坎離水火一旬乃一章之所重其餘星宿總是得
生旺則加之美名逢死絕則稱爲惡曜名非有定
星隨氣變者也。

直解 中天過移帝座卽江南龍來江北望之意。
其餘星宿名非有定星隨氣變者也。

溫氏續解　此節從中五逆數坎離顛倒自然
龍墀移於帝座矣江南龍來江北望亦卽此意。
前已註明不過中五一逆數而已

帝釋一神定縣府紫微同八武倒排父母養龍神富

貴萬餘春。

帝釋丙也八武壬也。紫微亥也。帝釋神之最尊。故

以縣府名之其實陰陽二宅得此貴之極矣然其

妙用在乎倒排非正用也

直解　註云最尊最貴貴不在乎帝釋而貴在紫

微與八武同到也然其妙用在乎倒排非正排

也所云倒排即顛倒顛之倒排非左旋右到之

倒排也

逆數也。玄空逆數之中。一六會合於或山或向

或水再得丙九之照神自有縣府富貴之應紫

微六也八武一也帝釋九也。

識得父母三般卦便是眞神路北斗七星去打劫離

宮要相合

上二句引起下文之義言識得三卦父母已是眞

神路矣猶須曉得北斗七星打劫之法則三般卦

之精髓方得而最上一乘之作用也北斗云何知

【溫氏續解】　此節說出要倒排父母倒排者即

離宮之相合即知北斗之義矣

直解　父母是經四位之父母三般是坎至巽巽
至兌兌至坎顛倒顛之三般知此顛倒顛玄空
起父母之三般便是大玄空之神路矣北斗者
隨時立極之氣也隨時立極之氣日往月來星
移斗轉縱橫顛倒總由此而使然也七星者由
現在而逆推到第七此處五行正與立極之氣
相反最易發禍要相合者要使發禍者變而為
發福相反者轉而為相合也

三般卦訣前已詳註。苟能識得豈

非神路乎。北斗即九星玄空兌七之金去劫震

三之木。而離九之火來克兌七之金。而救震三

之木。則救制自明。變化亦得既明玄空三般大

卦經四位起父母之秘。再能以山水形氣生克

制化之理通之。豈非青囊最上一乘之作用乎

由現在而逆推到第七者。一至逆數到四豈非

七位乎。四至逆數到七豈非又七位乎二五八。

三六九同例。此處五行與立極之氣相反。最易

發禍者。如上元一運立極之玄空五行豈能與

中元四運。下元七運立極之玄空五行相合各

元有各元立極之五行各運有各運立極之五

行元運立極之氣旣然相反各異形氣五行自

有更變發禍可必轉能發福者要所立當時之

山向處處合吉也

子午卯酉四龍岡作祖人財旺水長百里佐君王水

短便遭傷。

取子午卯酉以其父母氣旺也言四正則四維可

以例推矣水短遭傷以見出卦之故。

直解 四正之卦以地支爲主四隅之卦以乾坤

艮巽爲主。山水二龍均以此爲父母也。○此節

專辨山水二龍干支卦位之父母子息以辨力

量之輕重也。

溫氏續解 山龍平洋出脉在子午卯酉乾坤

艮巽者乃父母之卦氣全力厚若所用之時山

水合法乘旺富貴悠久水長百里言水來深長

曲折有情水短即硬直無情所以遭傷也。四正

四維卦之邊爻爲之子息出脈若於子息而來。

富貴亦輕此指卦爻出脈以辨力量之輕重也。

識得陰陽兩路行。富貴達京城不識陰陽兩路行萬

丈火坑深

此卽顛顛倒之意皆上文所已言而詠嘆之。

直解 此識得二字明明對習術者而言也。識得

即識隨時而在之陰陽曉得隨在之陰陽陰陽

二宅自能得心應手名並管郭流傳千古也倘

不識此訣胡行亂作火坑之深淺豈可窮其丈

定陰陽算明得零神與正神指日入青雲不識零

前兼龍神前兼向聯珠莫相放後兼龍神後兼向排

之深也

識用違其時上山下水顛倒誤用其凶如火坑

空隨時而在之陰陽順逆兩路之旺衰自然不

不犯上山下水之病富貴可達京城若不知玄

分順逆兩路之挨排處處無非妙用因時乘旺。

溫氏續解　識得玄空隨時而在之陰陽自能

尺也哉。

龍神向首皆有兼前兼後之法兼者父母兼子息。

子息兼父母此卽正神零神之義

前兼後兼卽顧前顧後之意前兼者向上

排龍也向上旣得生旺排到來山又生來山之

生旺此謂之前兼後兼者山上排龍也山上旣

得生旺排到向首又生向首之生旺此謂之後

兼前與後零與正陰與陽總要排定何處得零

何處得正分別陰陽前後推算得失也。

溫氏續解

前兼龍神如立午向兼丁或兼丙。

後兼龍神如子山兼癸或兼壬雖用法各有相

兼玄空流行之九氣旺衰不一坐山向首玄空

挨排兼左兼右須得生旺爲要零正卽旺衰若

不明旺衰之理山水誤用絕之無疑作者可不

慎歟。

倒排父母是眞龍子息達天聰順排父母倒子息代

代人財退。

父母子息皆須倒排而不用順排如旺氣在坎癸。

倒排則不用坎癸而得眞旺氣順排則眞用坎癸

而反得殺氣矣似是而非毫釐千里玄空大卦千

言萬語惟在于此

直解　註云旺氣在坎癸倒排則不用坎癸而得

眞旺氣者讀者須從廉武上去推求順排則眞

用坎癸而反得其殺氣看五六不知到何卦位

耳

溫氏續解　倒排卽逆數也如一運之子山午

向以坎一入中天運順行數至子上是六午上

是五。以五入中逆數至午上仍是一爲當元當

令之旺星若以五入中順數至午上是九卽爲

衰敗之氣所以倒排父母卽逆行九宮所用之

山向得玄空陰逆之數則得旺氣若得陽順之

數則反得殺氣矣要從廉武上去推求者廉卽

五。武卽六上元一運之子山午向一入中順數

子上是六午上是五五六皆要入中豈非從廉

武上去推求乎。

一龍宮中水便行。子息受艱辛。四三二一龍逆去。四

子均榮貴龍行位遠主離鄉四位發經商

此節又申言本卦水須折折相顧若一折之後便

山本卦雖然得發必受艱辛矣必三四節逆去皆

在本卦乃諸子齊發也位遠即出卦一出卦卽主

離鄉若出卦之後又還歸本卦反主爲商得財而

歸其應驗之不爽如此

直解 一龍者一節水也一節之後便流出卦子

孫雖發必受艱辛四三二一龍逆去者巽震坤

坎逆流而去也位遠離鄉言近水既流出卦畧

遠又還歸本卦兒孫自有此應、

溫氏續解

由穴中四三二一逆推而去此四節之水形雖
曲折氣反逆去實則乃一二三四順收到穴水
雖曲折逆去氣則順朝穴中豈非均榮貴也其
秘奧如此體用之妙若無口口相傳焉能入其
微妙之域哉若近穴之水出卦子息必受艱辛。
遠去又歸本卦必主離鄉發福。

曲折之水有四節玄空所排之氣、

時師不識挨星學只作天心摸東邊財穀引歸西北

到南方推老龍終日臥山中。何嘗不易逢正是自家

眼不的亂把山岡覓。

東邊財穀二句託喻。卽江南龍來江北望之。義玄。

空妙訣也嘆息世人不得眞傳胡行亂走旨哉言

乎。

直解　東引西歸北到南推二語眞靑囊之秘天

玉諸書之奧矣老龍者是玄空運行之龍也玄

空運行之龍自有玄空尋覓之法反從山岡上

去尋覓何異刻舟求劍耶。

若還求地不種德穩口深藏舌

出煞訣亦兼爲汝說相逢大地能幾人。個個是知心。

空妙難言翻天倒地更玄玄大卦不易傳更有收山

世人不知天機秘洩破有何益汝今傳得地中仙玄

星實學假作天心摸也

氣反從山岡尋覓有形之質眞如時師不識挨

老龍者即天元九運若不從玄空尋覓無形之

江北江東江西名異實同皆由中五逆數九氣。

溫氏續解 東引西歸北到南推即序中江南

篇終述敘授受之意深戒曾公安之善寶之也結

語歸重于種德今之得傳者不慎擇人輕泄浪示

恐雖得吉地不能實受其福矣而泄天寶者重遭

先師之戒其不干造物之怒而自取禍咎者幾希

矣

直解 此法造物之所忌先師之所秘恐人輕洩

故於篇終特又叮嚀教戒之耳穩口穩口無取

災禍

溫氏續解

能明玄空翻天干倒於地支之妙

地理合璧 卷七 天玉經

九十二

已不易傳。再知收山出煞之法大地相逢自無

錯過而收出之秘無非山上水裏旺衰得宜若

山上排龍高山實地要得生旺向上排龍水口

三义低窪之處要得生旺反此即是收不得山

來出不得煞去也總之旺氣收入穴中衰氣出

於穴外習是術者不察種德之家強求吉地雖

能人定勝天究屬挽回造化定干造物之怒不

禍及操術者幾希矣天地之玄機雖妄爲宣泄。

窮極其理學者須精思冥悟庶可洞若觀火豈

地理合璧 卷三 天玉經

地理合璧卷三終

周　同　纘子緒
王　銓　濟巨川　校字
沈爾晟景陽

都天寶照經上篇一頁起

天寶照經中 二十四頁

下 五十三頁

地理辨正錄要合璧

續解悲遵原刊露湘

己巳春朱壽朋題

五吉閣校

地理合璧題詞

聖賢大道此為首端救濟良策修齊偉觀

兩間造化二氣旋盤潛心研究祕法聿完

此道通曉物阜民安邦家之光美哉斯刊

戊辰冬至紫嵐撰句 朱壽朋書

地理合璧辨正卷之四

雲間蔣平階大鴻補傳　　無心道人增補　直解

門人會稽姜垚參定　　錫山溫榮鑣明遠甫續解

都天寶照經　唐楊益筠松著　　上海朱之翰紫君甫校勘

上篇

楊公妙應不多言實實作家傳人生禍福由天定賢

達能安命貧賤安墳富貴與全憑龍穴眞龍在山中

不出山掛在大山間若是沙曲星辰正收得陽神定

斷然一葬便興隆父發子傳榮。

蔣氏曰。此一節專論深山出脈。老龍幹氣生出嫩

支之穴。

直解　此節論深山老龍幹氣專取嫩枝之法謂

既得嫩枝再求眞穴情形再看主山端正峯巒

秀美神氣充足砂水朝歸再兼用法處處得宜

自有一葬便興之應龍在山中不出山掛在大

山間者此言老幹抽出嫩枝之情狀也。

溫氏續解

龍穴砂水俱吉用神緊要之處。再

能收得旺星自然一葬便發龍在山中不出山

掛在大山間者是形氣並講論形體老龍幹氣

生出嫩支之穴。論理氣中五立極之所為之老

龍由中五順逆顛倒二十四龍是為龍在山中

不出山掛在大山間也。二十四龍均要到中五

也。

好龍脫劫出平洋百十里來長離祖離宗星辰出此

是眞龍骨前途節節出兒孫文武脉中夕直見大溪

方住手諸山皆不走個個回頭向穴前城郭要周完

水口亂石堆水中此地出豪雄若得遠來龍脫刦發

福無休歇穴見陽神三搭朝此地出官僚不問三男

幷五子富貴房房起津湖溪澗同此看衣祿榮華斷

大水大河齊到處千里來龍住水口羅星鎖住門似

大將屯軍落頭定有一星形非火土即金正脈落平

三五里見水方能止二水相交不用砂只要石如麻

更看硤石高山鎖密密來包裹此是軍州大地形細

說與君聽

蔣氏曰。此一節專言大幹傳變行龍盡結之穴。謂

之脫劫龍又名出洋龍雖云城郭要周完總之城

郭都在龍身上見不必于穴上見蓋龍到脫劫出

洋雖眾山擁衛而行前數節羣支翼張羽儀簇簇

至于幾經脫卸之后近身數節將結穴時龍之踪

跡愈變而龍之機勢愈疾此所能幾

及往往龍只單行譬之大將四馬單刀所向無前

一時偏裨小校都追從不及所以有不用砂之說

也高山不甚重水獨此等龍穴以水為證者何與

山剛水柔水隨山之行以為行山不隨水之止以

為止而云直見大溪方住者非謂山脈遇水而止
也正因山脈行時水不得不與之俱行則山脈息
時水不得不與之俱息故幹龍大盡之地自然兩
水交環有似乎千里來龍遇水而止也既云不用
砂而又云密密包裹者何也夫結穴之處雖不取
必于兩砂齊抱之眞龍憩息之際定不孤行外
纒夾輔隱隱相從水口星辰有時出現大為硤石
小為羅星近在數里遠之二三十里皆不可拘前
所謂砂指本身龍虎而言後所謂鎖指外護捍門

地理合璧　卷四　都天寶照經

而言也只要石如麻則不止謂水口而已正言本
身結穴之地蓋幹龍剝換數十節其渡水崩洪穿
田過硤不止一處若非石骨龍行何以見眞龍結
體今人平地墩阜惧認來龍指爲大地正坐此弊
也凡去山數里卽有高阜或由人工或出天造旣
無眞脉相連又不見石骨稜起總不謂之龍穴所
以落平之龍重起星辰必要石如麻也有石脈乃
爲眞龍有石穴乃爲眞穴山龍五星皆結穴其云
落頭一星獨取火土金者大約近祖支龍蜿蜒而

下都結水木出洋幹結踴躍而起都作火土金雖

不可盡拘而大體有如是者前章一葬便與父發

子榮是言山中支結龍稱而局窄往往易發此章

言發福無休歇五子房房起是言出洋大盡龍老

而局寬往往遲發而久長意在言表也

姜氏曰前章言山谷初落之穴此言出洋盡結之

穴山龍之法雖不盡于此而大畧已備于此矣

直解 上節言老龍幹結此節言出洋盡結大凡

龍氣落平穿江渡河脫卸淨盡再起星峯者謂

之脫刼又名出洋氣勢踴躍千變無窮難於言

狀只可言其大概情形耳

溫氏續解

此節說出大形大局千里來龍止

歇。結穴情形教人詳細看出軍州大地王侯將

相之格總括龍穴砂水之綱領學者苟能叅悟

不啻讀遍疑撼龍玉髓諸書矣

天下軍州總住空何曾撑著後頭龍只向水神朝處

取莫說後無主立穴動靜中間求須看龍到頭

蔣氏曰此節以下皆發明平洋龍格與山龍無涉

五

矣楊公唐末人唐之言軍州猶今之言郡縣也蓋

以軍州為證見城邑鄉村人家墓宅凡落平洋竝

不論後龍來脉但取水神朝繞便為真龍憩息之

鄉夫地靜物也水動物也水之所止卽是地脉所

鍾一動一靜之間陰陽交媾雌雄牝牡化育萬物

之源所謂玄竅相通卽丹家玄關一竅也此便是

龍之到頭非舍陰陽交會之所而別尋龍之到頭

也識得此竅則知平洋眞龍訣法而楊公寶照之

秘旨盡矣 看龍到頭
有口訣

地理合璧　卷四　都天寶照經

直解　動靜二字其說有三。一、山形水勢有陰陽動靜之分一干支卦位有陰陽動靜之分一天主動即天主動即地主靜天地有陰陽動靜之分地其至動之中亦有四時往來陰陽動靜主靜即其至靜之中亦有起伏行止陰陽動靜之分天以靜而生地以動而成曉得至有靜至靜之中有動看龍到頭之法過半矣立穴之法亦過半矣所云到頭者非山之到頭又非水之到頭正謂玄空生旺到水謂之到頭也

此。到頭二字乃空龍之妙訣當默默識之○隨

時變易顛倒無定者謂之動止蓄團聚干支純

粹謂之靜靜者安定于下動者流行于上觀其

靜與動氣與質相配相得之處便是到頭_{另有}註云

口訣大
署如是

溫氏續解

郡縣之地並無靠着高山後頭之

龍譬喻人家墓宅平洋之地只要取水之曲折

環抱有情水中有氣焉立穴動靜中間求者卽

中五立極無論在何地而用事之處卽爲立極

戌乾亥壬子癸

楊公妙訣無多說因見黃公心性拙全憑掌上起星

動爲空氣形氣相生相合亦爲到頭也

乎是方有水爲旺則吉坐山亦然靜爲形體

午上豈非坎龍運行變化之氣到午上爲到頭

媾在中五由中五交媾化氣流行之坎一排到

到頭一運屬坎龍之氣玄空山向對待陰陽交

以向上之五入中逆行九宮午上得一卽爲龍

子山午向以一入中順挨午上是五子上是六

立極既定然後看準應用何山何向如一運用

辰類聚裝成為妙訣。大山喚作破軍星。五星所聚脈

難分但看出身一路脈到頭要分水土金又從分水

脈脊處便把羅經照出路節節同行過峽眞前去必

定有好處子字出脈子字尋莫教差錯丑與壬若是

陽差與陰錯勸君不必費心尋。

蔣氏曰自此章以下皆楊公平洋秘訣字字血脈

而又字字隱謎非眞得口口相傳天機鈐訣者未

許執語言文句方寸羅經而妄談二十四山八卦

九星之理也苟得口傳心受則雖愚夫稺子可悟

地理合璧　卷四　都天寶照經

楊公心訣不得口傳心受縱智過千夫讀破萬卷
何能道隻字耶此書乃楊公當日裝成掌訣傳與
黃居士妙應者大山喚作破軍星言水法渙散迷
茫之處五星混雜出脉未見分明概名之曰破軍
而不入龍格只取龍神一路出身之脉其脉又分
水土金三星合貪巨武為吉而餘星皆所不取此
三星者乃形局之星非卦爻方位之貪巨武也學
者切莫誤認自分水脊以下乃屬方位理氣矣
故云便把羅經照出路也蓋看得水神龍脉既合

三吉星格其地似可取裁乃將指南辨其方位以
定卦之合不合也合卦則用之不合卦仍未可用
也節節同行卦無偏雜乃許其為過脈峽真而知
前去定有好穴不然則行龍先見駁雜到頭何處
剪裁子字以下乃直指看龍訣法而舉坎卦一卦
為用若出脈是子字須行龍只在子字一宮之內
乃為卦氣清純如偏于左而癸與丑雜是子癸一
卦而丑字又犯一卦也如偏于右而壬與亥雜是
壬子一卦而亥字又犯一卦也此為卦中之陽差

陰錯非全美之龍故云不必費心尋也。

直解 水法渙散之處五星混雜卦爻錯亂最難

分辨只要貼身小水引動龍神有千流萬派都

歸此小水之情狀者即是一路出身脈也此水

之星體情形方位干支曲直動靜須辨合與不

合星體合吉則用之不合則不必用之所謂子

字出脈子字尋總言看龍之法理氣之要稍有

不合即是陰差陽錯之龍矣

溫氏續解 此節掌上起星辰即洛書九氣玄

空順逆顛倒。在掌上排出何方旺何方衰之能

可取裁子字出脉子字尋者三义口之水須要

在一卦之內。若出卦即卦氣不一旺衰亦殊所

以大山唤作破軍者水法之不成星體湖蕩大

河瀰漫襟亂之處。須要收入小水方有水土金

之三格。有此吉格。然後將指南辨其吉凶也。水

曲。土方金圓之地。水法為吉格。若直木尖火為

平洋大忌所以到頭要分水土金大河流入小

河之三义水城處即龍氣進口之處最忌卦爻

地理合璧　卷一　都天寶照經

夾襯至到頭結穴地方有水土金之三格可用

若尖直木火之體平洋最忌若三义進氣之處。

陽差陰錯結穴之處木火凶格所謂勸君勿必

費心尋也學者細心揣摩毋忽

到半穴乾坤艮巽宮取得輔星成五吉山中有此是。

子癸午丁天元宮卯乙酉辛一路同若有山水一同

真龍

蔣氏曰此承上節羅經照過峽詳言方位理氣卽

天玉玄空大卦之作用也其法分子午卯酉為天

元宮寅申巳亥為人元宮辰戌丑未為地元宮隱，

然天元之妙理引而不發欲使學者得訣方悟其

敢妄泄天秘犯造物之忌哉此取四仲之支為天

元宮者非此四支皆屬天元乃謂此四支之中有

天元者存也而其本文又不正言子午卯酉乙辛

丁癸必錯舉子癸午丁卯乙酉辛者此其立言之

法已備出脈審峽定卦分星之密旨觀一路同三

字同中微異須加剖別已在言外下文乃全露其

機云此八宮同到牛穴乾坤艮巽宮矣一同到非

地理合璧　卷四　都天寶照經

謂此八宮一同到也亦非謂八宮之山與八宮之

水一同到也謂此四支中任舉一支與此四干中

一干比肩同到卽雜乾坤艮巽之氣矣蓋子午卯

酉本是四正之龍而與八支同到卽有一半四隅

之龍不可不辨辨之不清則欲取天元而非純乎

天元矣末二句輔星五吉指天元宮最親者言蓋

天元龍雖包諸卦而九星止有三吉恐日久發洩

太盡末凱衰微故須兼收輔弼宮龍神合氣入穴

以成五吉然後一元而兼兩元龍力悠遠不替矣

故目之曰眞龍極其贊美之辭也。此節言山者皆

指水。蓋平洋以水爲山。水中卽有山矣。輔星卽是

九星中左輔右弼。蓋有二例。一則九宮卦例以一

白配貪狼。二黑配巨門。三碧配祿存。四綠配文曲

五黃配廉貞。六白配武曲。七赤配破軍。八白配左

輔九紫配右弼。此天玉經玄空大卦之定理也。一

則八宮卦例將輔弼二星并一宮。分配八卦製爲

掌訣。二十四山系於納甲之下。互起貪狼爲立向

消水之用。陽宅天醫福德亦同此訣。竊以之彰往

察來皆無明驗。蓋即天玉所辨二十四山起八宮。

唐一行所造後人指爲滅蠻經者也。二說眞僞判

然不可誤認五吉卽三吉。蓋形局九星以水土金

三星爲貪巨武三吉而輔弼爲入穴收氣之用方

位九星亦有三吉雖以貪狼統龍而每宮自有三。

吉不專取巨武此節天元宮兼輔爲五吉中有隱

語非筆墨所敢盡旣云五吉則分輔弼作兩星以

配九宮其非八宮之訣明矣若在人地兩元別有

兼法見諸下文此節以下所舉干支卦位俱帶隱

謎。若從實推詳不審說夢。非楊公言外之眞旨矣。

直解 註云、輔星天元宮之最親者、其言微乎妙

乎、使人不易測識耳、楊公又云山中有此是眞

龍、明明指我在水中又不在天元之水中正在。

天。元最親最近之水中。然取于六八者非也所

云一同到者、一宮之水全到也。細玩其子癸午

丁、卯乙酉辛輔弼巳在言外矣。同到、卽巳丙亥

壬、申庚寅甲丁未癸丑乙辰辛戌之同到一同

到、則卦爻雜亂陰陽差錯吉中有凶不成美器

地理合璧　卷四　都天寶照經

矣差錯之所。雜亂之方。須挨輔星以補之。是輔
星雖非當令之星。亦能先時補救化凶而為吉
者也。所云取得輔星即此之謂歟。

子午卯酉為天元宮非此四支皆
屬天元而四支之中有屬天元者乃子之一字
為天元天開於子也。寅申巳亥四支辰戌丑未
四支之中乃人生於寅地闢於丑所以寅為人
元丑為地元也。子癸午丁卯乙酉辛陰陽一氣
以備出脉審峽界清卦氣不雜如子癸出脉卽

氣已過故預先按排他元之輔星其衰氣既來

兼收人地為五吉輔星乃幫扶一元三吉恐旺

隅之龍而作者之妙用既立天元之山向應要

艮巽之氣欲收一元三吉既不能清淨已雜四

挨到于午卯酉之上豈非一半之穴已屬乾坤

山水一同到者元空流行二四六八之氣或有

不能淨一合元總以玄空流行無形之氣為主

兩元若襍壬字雖在一卦陰陽之氣已巽星辰

為之清淨若襍丑字之地元則卦氣不一已屬

上元一三之處
旁法得力又須
六八之氣
谷同入穴

中元四五六之處
水法得力又須
一九合氣入穴

下元七八九之處
水法得力又須
二四合氣入穴
此五吉之氣

尚有補救之星為輔雖值衰替不能為患人地

兩元所以必須兼着貪狼上元之氣如時值七

八運須兼上元之一時值二三運先要按排八

九之輔星四六兩運或接上元或接下元均以

上下兩元之主星為輔也成五吉者如上元一

二三之處水法得力固當令矣又須六八之氣

合同入穴即水法龍氣之眞四五六之中元要

取一九合氣入穴七八九之下元又要二四合

氣入穴此五吉之氣活潑潑地總看體格之可

用與否再以玄空流行無形之九氣與時合否

則去取之權在我掌握矣輔星者補救悠遠之

法也

辰戌丑未地元龍乾坤艮巽夫婦宗甲庚壬丙為正

向脉取貪狼護正龍

蔣氏曰此取四季之支為地元龍者亦謂此四支

中有地元龍者存也此四支原在乾坤艮巽卦內

故曰夫婦宗此元氣局逼隘不能兼他元爲五吉

止取貪狼一星眞脉入穴護衞正龍根本則卦氣

未值其根不搖卦氣已過源長流遠斯爲作家妙

用貪狼即在甲庚壬丙之中故但于此取正向乘

正脈與天人兩元廣收五吉者有殊不言輔星輔

弼已在其中故也楊公著書泛論錯舉之中其金

針玉線一絲不漏蓋如此

直解 地元即下元遍臨非形局之遍臨氣運之

遍臨故不曰五吉而曰護正龍即八九一之謂

也然在此時不曰五吉者何也謂下元未盡令

星弗得弗用上元將交貪又弗得弗用若兼巨

武而爲五吉則吉凶參半非但不能爲福適足

致禍所謂凶多者凶勝吉也豈非與天人兩元。

取五吉者有殊作家不可不辨

溫氏續解 辰戌丑未本屬地元在乾坤艮巽

卦內故曰夫婦甲庚壬丙之向要玄空排於辰

戌丑未之上故曰正向玄空之中有貪狼排於

辰戌丑未四支無論何支得一白貪狼者即地

元八九運中雖氣局逼隘已得一白上元之氣。

下元氣運固盡有上元接氣補救正龍有護不

致衰替矣。

寅申巳亥人元來。乙辛丁癸水來催更取貪狼成五
吉寅坤申艮御門開巳丙宜向天門上亥壬向得巽
風吹。

蔣氏曰此四孟之支亦屬四隅卦此四卦中有人
元龍者存也天元之後卽應接人元楊公因三才
三正之序顚倒錯列亦隱秘其天機使人不易測
識耳此元龍格亦必兼貪狼而後先榮後凋若不
兼貪狼慮其發遲而驟歇矣用乙辛丁癸水催之

者謂此四水中有貪狼也此宮廣大兼容故旁及

坤艮亦所不礙故曰御門開若是巳丙壬亥相兼

則犯陰陽差錯之龍矣法宜去丙就巳去壬就亥

以清乾巽之氣此則專爲人元辨卦而言處處欲

要歸一路蓋一路者當時直達之機兼取者先時

補救之道不直達則取勝無先鋒不補救則善後

無艮策二者不可偏廢也總觀三節文義子午卯

酉配乙辛丁癸辰戌丑未配乾坤艮巽爲夫婦同

宗而寅申巳亥獨不配甲庚壬丙爲夫婦則其本

意不以甲庚壬丙屬寅申巳亥可知矣。此正合天

玉大五行作用而非十二支。配十二干爲一路之

俗說也。故不曰寅申坤艮而曰寅坤申艮。非以寅

爲坤以申爲艮也。巳屬巽而反曰天門。亥屬乾而

反曰巽風。顚倒裝成其託意微而且幻。類如此至

其立言本旨不過隱然說出陰陽交互之象然篇

中皆錯舉名目不肯分明至後節主客東西方露

出端倪而終不顯言先賢之惢愼如此。使我有浪

泄天機之懼矣。

直解人元自有人元合運之山水自有人元合

運之星辰體用俱合人元僅有三吉四吉此云

五吉者何也謂當時直達之星辰已得再取貪

狼一星合成五吉以補悠遠用法之至要者也

乙辛丁癸水來催者非謂此四水盡屬人元又

非謂有此四水卽是貪狼正謂在是元用是山

收是水或丁或乙或癸或辛有得貪狼者在耳

御門開卽兼通出卦之意蓋申與庚巳與丙亥

與壬俱屬貼鄰易犯差錯之宮或巳出於丙告

地理合璧　卷四　都天寶照經

一、

我向之以天門亥或雜于壬又令吹之以巽風。

楊公教人補救直達深切著明至矣盡矣○輔

亦可兼弼亦可兼諸星亦可兼貴在各乘其時

耳先將當元之令星用得安妥再將先時補救

之策或兼貪或兼輔多兼則元運不一吉凶參

半註云欲取天元而非純乎天元欲取地元又

非純乎地元蓋謂此也總觀三節文義兼法俱

要隨時酌量宜兼貪則兼貪宜兼輔則兼輔全

在作者隨時兼取隨地變通耳。

溫氏續解

寅申巳亥本屬人元。玄空排去寅

申巳亥上有得乙辛丁癸之水此四干中有一

白貪狼者在人元支中巳得上元星辰之氣卽

一元而得兩元之力五吉卽中元之四五六一

爲上元九爲下元三元之氣旺衰可接而勿替

故曰更取也。寅坤申艮卦雖錯舉數則均在二

八兩卦陰陽一氣不襍故曰御門開巳丙亥壬。

乃出卦之向若四六兩運用之卦雖出而當令

之旺星可以同到卽能兼用故曰巳丙宜向天

門。亥壬向得巽風雖屬出卦原有可用之時。無

非顛倒之中仍有妙用也。

貪狼原是發來遲坐向穴中人未知立宅安墳過兩

紀方生貴子好男兒。

蔣氏曰貪狼諸卦之統領得氣先而施力遠何云

發遲此言人地兩元兼收之脉不當正卦傍他涵

蓄故力不專是以遲也兩紀約畧之辭生貴子正

見誕育賢才以昌世業隱含悠久之義非若他宮

一卦乘時催官暫發之比若夫應之遲速是不一

端烏可執此爲典要也。

直解　上數節言人地兼貪最易發福此云發遲

者何也謂貪狼雖非人地兩元主運之星却能

補偏救弊先榮後凋故曰遲也坐向言坐山向

首之排龍也坐山向首之排龍或排貪狼到山

或排到向首或排到水口三义奇峯貴砂定主

產賢才昌世業發福無休無歇也

溫氏續解　貪狼本屬上元一運之主星若人

地兩元用之豈非待其當旺而爲時已久故曰

發來遲陰陽兩宅。雖用於人地兩元之時必待

貪狼得令當旺自能方生貴子好男兒也此原

先時補救之法非謂當令言也

立宅安墳要合龍不須擬對好奇峯主人有禮客尊

重客在西兮主在東。

蔣氏曰山龍眞結必對尊星而後出脈或迴龍顧

祖或枝幹相朝先有主峯乃始結穴。故必以朝山

爲重非重朝山正重本身出脈眞僞也平洋旣無

來落但以水城論結穴水自水山自山雖有奇峯

竝非一家骨肉向之無益故只從立穴處消詳堂

局收五吉之氣謂之合龍而不以朝山爲正案也

末二句乃一篇之大旨精微玄渺之譚所謂主客

又不止於論向而指龍爲主人向爲賓客也主客

猶云夫婦實指陰陽之對待山水之交媾一剛一

柔一牝一牡玄竅相通皆在於此言有此主便有

此客有此客便有此主主客雖云二物實一氣連

貫如影隨形如谷答響交結根原一息不離非謂

既有此主乃更求賢賓以對之也東西蓋舉一方

而言亦可云主在西兮客在東亦可云主在北兮

客在南主在南兮客在北八卦四隅無不皆然所

謂陰陽顛倒顛也自天下軍州至此統論平洋龍

法其中卦位干支秘訣總不出此二語故于結尾

發之以包舉通篇之義學者所當潛思而曲體之

者也

姜氏曰寶照發明平洋龍格開章直喝天下軍州

總坐空何須撐著後頭龍大聲疾呼朗吟高唱此

爲楊公撰著此書通篇眼目振綱挈領之處不可

地理合璧 卷四 都天寶照經 二十一

泛泛讀過蓋平洋龍格舉世所以茫然者只因俗
師矗矗將山龍淵入無從剖辨觸處成迷也平洋
之作法既迷并山龍之眞格亦謬失其一并害其
二矣楊公苦心喝此二語醒人千古大夢使知平
洋二宅不論坐後來脉凡坐空之處反有眞龍坐
實之處反無眞龍與山龍之胎息孕育截然相反
欲學者從此一關打得透徹更不將剝換過峽高
低起伏馬跡蛛絲草蛇灰線等字纒擾胸中只在
陰陽大交會處悟出眞機而后八卦九星干支方

位以次而陳絲絲入扣平龍消息始無罣漏之虞。

平龍既無罣漏而山龍亦更無罣漏矣倘不明此

義只將後龍來脈膠葛糾纏則造化眞精何從窺

見雖授之以八卦九星之奧亦無所施也窮年皓

首空自芒芒高山平洋總歸魔境我于是益嘆楊

公度人心切也後篇所以覆舉二語重言以申明

之意深切矣

此篇前十二句為一章言深山支龍之穴中三十

四句為一章言幹龍脫殺出洋之穴此二章皆屬

穴

山龍後四十六句分七節爲一章言平洋水龍之

【直解】山龍看主山朝案以辨龍體之眞僞平洋

對三義察血脉以認來龍之得失山洋一定不

易之法也要合龍者觀九曜之合不合也奇峯

者尖秀挺拔之峯也合元微則對之不合則不

必對之所云主東客西卽陽水陰山顚倒顚之

義主人有禮者龍眞氣旺也龍果眞氣果旺前

後左右輔從則加之美名如龍微氣衰雖有奇

峯貴砂即改爲惡曜所以本主與隆殺曜變爲
文曜龍身微賤牙刀化作屠刀即此之謂也○
已上數節都屬半含半吐但呑吐之間有深意
存焉讀者當細心參考自有所得也

溫氏續解　陰陽兩宅要合龍者山龍以山爲
主高低起伏主山朝案左右龍虎論其山龍之
結穴眞僞玄空五行亦以排山爲主向爲客平
洋以水爲龍要論水城之灣環曲折抱繞有情
無漏泄冲射亦論結穴之眞僞玄空五行以排

向為主坐為客雖有奇峯貴砂與平洋水龍無

涉所以不須擬對也主客卽山向之對待卽陰

陽之交媾姜氏所謂陰陽大交會處悟出眞機

者交會處卽中五也以山向對待之卦數交媾

於中五玄空流行顚倒挨排何方有山有水吉

何方有山有水凶豈非主人有禮客亦尊重主

在東兮客在西主在南兮客在北乎前章露出

此節無非皆以中五交媾之所為入用眞機而

運動八方須知山水二龍之分用山有山之用

法。水有水之用法切勿相混天機秘密一中五

巳漏泄矣學者苟能潛思中中五之妙用一部辨

正之精微奧妙悉在其中也。

中篇

天下軍州總住空何須撐著後來龍時人不識玄機

訣只道後頭少撐龍大凡軍州住空龍便與平洋墓

宅同。州縣人家住空龍千軍萬馬悉能容分明見者

猶疑慮龍不空時非活龍教君看取州縣場盡是空

龍撥擺蹤莫嫌遠來無後龍龍若空時氣不空兩水

界龍連生窟穴得水兮何畏風但看古來卿相地平

洋一穴勝千峯

蔣氏曰天下軍州二語前篇已經喚醒楊公之意
猶恐後人見不眞信不篤姑反覆咏嘆層層洗發
窮追到底鑿其所以然之故又恐概說軍州大勢
尙疑人家墓宅或有不然故指實而言軍州如是
墓宅亦無不如是只勸世人揀擇空龍切勿取實
龍作撑也所以然者何也山龍只論脈來平洋只
論氣結空則水活而氣來融結實則障蔽而生氣

阻。肉眼但見漭漭平田毫無遮掩。疑爲坐下風

吹散氣之地不知水神界抱陽氣冲和平洋之穴

無水則四面皆風有水則八風頓息所謂氣乘風

則散界水則止古人之言正爲平洋而發也。

直解 楊公恐人不信空龍之說特引州縣城池

爲証然州縣城池未必盡屬後空人家墓宅亦

非以坐空爲是坐實爲非只要坐空得坐空之

五行坐實得坐實之五行方合後龍空氣不空龍

實氣不實之妙用中言得水承上文龍空氣不

地理合璧　卷四

空龍實氣不實而申言之也。此謂得者非以左

右有水謂得亦非以前後有水謂得以所有之

水得挨星生旺謂得也。

溫氏續解　前節已經明言平洋以水為龍敎

人切勿以山法下求乎水此節重言申明平洋

須要坐後有水為之騎龍亦為之龍空氣不空。

水中有氣水為動物吉凶悔吝比山龍更速山

主靜其應緩也然坐後之水要灣環兜抱為吉

若斜飛反跳直射無情雖與元運相合生旺亦

地理合璧 卷四 都天寶照經

為凶斷。直解固謂後實有時可用者。要山上排
龍排到坐後得當旺之星。即雖後實亦可用也。
若水裡排龍排到坐後實地高山得當旺之星。
即不可用矣。水裡排龍即向首排龍也。但平洋
終須後空為久。而後實雖有時可用究竟不免
掩藏陽和雖發不久也所以山龍排山為主水
龍排向為主坐山乃地陰之氣向首乃天陽之
氣山與水陰與陽旺與衰升與降要用之各得
其宜而玄空活用之奧平洋墓宅之秘思過半

地理合璧　卷四

矣

子午卯酉四山龍坐對乾坤艮巽宮莫依八卦陰陽

取陰陽差錯敗無窮此訣玄機大

祖宗來龍須要望龍穴後若空時必有功帝座帝車

並帝位帝宮帝殿後當空萬代侯王皆禁斷予今隱

出在江東陰陽若能得遇此蚯蚓逢之便化龍

蔣氏曰此明八卦之理即前子午卯酉屬坎離震

兌四卦乾坤艮巽又四卦之義也所謂坐對非指

山向蓋四正卦與四隅卦兩兩相對故云然也八

卦陰陽者。指八卦五行以乾卦領震坎艮三男而
屬陽坤卦領巽離兌三女而屬陰此先天之體非
後天之用以之論陰陽則差錯而敗不勝言矣譚
陰陽者百二十家皆此是彼非渺無眞訣惟有玄
空大卦乃陰陽五行大祖宗聖聖相傳非人勿示
也識得此訣雖帝王大地瞭若指掌特禁秘而不
敢言耳楊公自言既得至道不敢炫耀於世故披
褐懷玉抱道無言然天寶雖秘惜而救世之心未
嘗少懈曾于天玉經江東一卦諸篇隱出其旨世

井隱於江東俟考。

化之徵也。或云楊公得道之後韜光晦跡背其鄉

之好陰陽者有緣會遇信而行之頃刻有魚龍變

直解 子午卯酉指地之四正而言。乾坤艮巽指

空之四維而言。非必拘定要坐對乾坤之位只

要玄空坐對二四六八便是陰陽二宅若能合

此玄機自有魚龍之變化下文辰戌丑未甲庚

壬丙即此意也。○地氣南北不同山洋逈異卽

性之剛柔氣之老嫩亦隨處而各別者也。切不

可拘泥有誤天地生成之妙也地有相去數郡

高卑無二者亦有相去數里厚薄迥異者亦有

相去數步而老嫩懸絕者總要隨地取裁不可

執一即坐水向水後空後實亦要各得其宜爲

妥切不可拘泥後空後實爲非亦不可拘

拘後高爲是後空爲非總要隨地適宜高低各

得爲是所謂泥於古者必不能愈今疾拘於方

者決不能治遠人即此之謂歟

溫氏續解　子午卯酉以定位之坎離震兌言。

乾坤艮巽指玄空流行者言若以定位言之乾

坤艮巽何能坐對子午卯酉也明此卦與數之

動靜豈非此訣乃玄機大祖宗乎簡而言之子

午卯酉郎洛書之一九三七為靜乾坤艮巽亦

洛書之二四六八為動靜主體而動主用以動

之數流行於靜之體明此玄空陰陽體用之法

自有蚯蚓化龍之妙直解明言若以八卦之呆

陰陽不論玄空之活陰陽即陰陽差錯而敗不

勝言矣。

子午卯酉四山龍支兼干出最豪雄乙辛丁癸單行
脈半吉之時又半凶坐向乾坤艮巽位兼輔而成五
吉龍。

蔣氏曰此皆楊公隱謎舉四正爲例若行龍在子
午卯酉四支長流不雜雖兼帶干位總不出本卦
之內其脈清純故云最豪雄也若乙辛丁癸雖屬
單行未免少偏卽犯他卦所以吉凶參半也言子
午卯酉而乾坤艮巽不外是矣言乙辛丁癸而甲
庚壬丙不外是矣辨龍旣淸乃於諸卦位中隨便

立向則又以方圓爲規矩。而未嘗執一者也。

直解 此四卦重支之卦支兼干出卽子癸午丁

卯乙酉辛若乙辛丁癸而無子午卯酉兼出者。

卽謂之單行脈也。單行之脈稍有一偏卽出他

卦行龍出卦恐生旺不一吉凶無定所云坐向

乾坤者非必拘定坐向乾坤之位只。要天元取

輔人地兼貪全收五吉之氣也單行之脈雖易

出卦有心者倘遇此種來龍來脈龍穴眞的者

切莫棄而不取也。只要用得五吉合得三星其。

吉更勝于一卦清純者矣。

溫氏續解

此節明說不可兼向出卦若用乙

辛丁癸之獨向稍兼子午卯酉爲一卦清靜陰

陽一氣廣大兼容如果少偏於辰戌丑未卽爲

出卦衰旺不一半吉半凶必矣。而甲庚壬丙不

外是也寅申巳亥若兼乾坤艮巽亦爲陰陽一

氣若兼甲庚壬丙又爲出卦衰旺不一半吉半

凶矣兼輔而成五吉前節之天元取輔人地兼

貪無非上元要兼中下元之星中下兩元要兼

上元之星庶幾補接元運不致驟衰否則恐一
到失元之時即敗不勝言玄空無形流行之氣
雖則如此亦須地體之山水要用得合法也
辰戌丑未四山坡甲庚壬丙葬墳多若依此理無差
謬清貴聲名天下無為官自有起身路兒孫白屋出
登科八卦不是真妙訣時師休把口中歌敗絕只因
用卦差何見依卦出高官陰山陽水皆真吉下後兒
孫禍百端水若朝來須得水莫貪遠秀好峯巒審龍
若依圖訣葬官職榮華立可觀

蔣氏曰。此指四隅龍脉而言而舉辰戌丑未爲隱

謎也謂此等行龍而取甲庚壬丙向者甚衆必須

龍法純全向法合吉毫無差謬而後清貴之名卓

于天下也起身路正指來龍之路八卦本是眞訣

而誤用則禍福顚倒故云非妙訣後章八卦只有

一卦通乃始微露消息矣收水之法向云陽用陰

朝陰用陽應乃卦理至當不易之言而竟有陰山

陽水陽山陰水反見災禍者則。不眞陽非陽

而陰非陰也。得水二字世人開口混說。然非果識

天機秘旨收入立竅之中雖三陽六建齊會明堂。

虎抱龍迴涓滴不漏總未可。謂之得若知得水眞。

訣即陰陽八卦之理示諸斯乎莫貪遠秀好峯卽

上篇已發之義致其叮嚀之意云爾。

【直解】甲庚壬丙是隨時變易之甲庚壬丙非四

維八干不易之甲。庚壬丙讀者切莫誤認此理

云者是山上水裏陰陽相配之理也山上水裡。

果能交之以陽配之以陰淸貴聲名自然流傳

天下八卦九星本是眞訣而此獨非者何也申

都天寶照經

言板格之非也。在地為八卦九宮。在天郎是北
斗九星隨氣流行隨時變易往來無定者也。拘
拘於呆法變易者反以為不易。無定者執以為
有定所謂陽者非陽陰者非陰故謂之不眞。所
謂得水者非諸家五行之所謂得又非上元必
須離水下元必須坎水之所謂得也。此所謂得
者是玄空之得謂得也。夫辰戌丑未是四維八
干不易之定位甲庚壬丙是周流六虛隨時而
在之甲庚壬丙一空一實必須揣摩而得有形

之質靜而不移無形之氣動而不息一動一靜

一陰一陽相為表裏一往一來一山一水兩相

配合官職榮華自能立見矣。

溫氏續解

辰戌丑未配甲庚壬丙為地元卦

也辰戌丑未為方位不易之體甲庚壬丙乃玄

空流行無形之氣時在下元立辰戌丑未之向

玄空流行之甲庚壬丙排到辰戌丑未之上何

方得旺何方值衰旺星放在水裏衰星放在山

上謂之陽水陰山此指向上排龍若山上排龍

又須旺星放在山上衰星放在水裏謂之陽山
陰水。如此則山水合法清貴聲名傳聞天下若
論八卦之呆方位卽不是妙訣要玄空流行之
八卦九星卽爲眞訣也若僅知板位之八卦九
星豈非用差而敗絕哉陰山陽水水本吉若上山
下水。顛倒誤用子孫豈能免禍乎水爲陽主動
吉凶應驗甚速遠秀好峯其實與水法無涉故
曰莫貪也下文八卦則有一卦通明玄竅在
於中五須審自明。

邵天寶照經

地理合璧　卷四

玄機妙訣有因由。向指山峯細細求。起造安墳依此
訣。能令發福出公侯。眞向支山尋祖脉。干神下穴永
無憂。寅申巳亥騎龍走。乙辛丁癸水交流。若有此山
并此水。白屋科名發不休。昔日孫鍾阡此穴。從此聲
名表萬秋。

蔣氏曰通篇皆言平洋。此章乃插入山峯者何也。
蓋八卦九星乃陰陽之大總持故凡有山之水可。
以不論山而有水之山不能不論水若遇山水相
兼之地。未可但從山龍而論。還須細細尋求。亦必

三十三

合此玄空大卦之訣而后墓宅產公侯也。祖脈必

要支山蓋從四正而論下穴立向則不拘干支矣。

此祖脈乃玄空之祖脉非山龍之來脉也。讀者切

勿錯認寅申巳亥乙辛丁癸俱屬易犯差錯之龍。

故曰騎龍走水交流文有殊義無別此山此水而

科名不歇者不犯差錯故也。孫鍾墓在富陽天子

崗。本山龍而收富春江長流之水故引爲證。

上四句言體用兼到之妙中二句承上文

而言祖脈此祖脈非太祖少祖山龍之來脉又

非干支公孫子母之祖脉此祖脉乃玄空之祖

脉所謂天心是也數語當細細察之如乙辛丁

癸寅申巳亥卽上文所謂甲庚壬丙辰戌丑未

之意時師都謂此山此水易犯差錯之龍皆棄

之不取不知此山此水亦有發福者特引孫鍾

墓爲證經云八方位位有眞龍爻象干支總一

同蓋謂此也

溫氏續解　玄機因由細求山向之用法尋祖

脉者卽尋中五也要將玄空對待之山向均入

中五交媾依洛書九數陰陽順逆尋去水口三

叉有干神之旺星排在此處卽爲永無憂之吉

也寅申巳亥卽前章辰戌丑未不易之方位要

排玄空流行之乙辛丁癸干神得旺到向或到

水口三叉山上水裡處處合法白屋可出公卿

孫鍾之墓爲証也玄空之祖脉所謂天心是也

天心卽天運玄空大卦之一隻眼乃中五也學

者勿忽此三節方說出子午卯酉配乾坤艮巽

辰戌丑未配甲庚壬丙寅申巳亥配乙辛丁癸

十二支配十二干。陰陽相錯天地人三元之三卦也。

來龍須看坐正穴。後若空時必有功。州縣官衙為格局。必然清顯立威雄。范蠡蕭何韓信祖乙辛丁癸足財豐亥壬鸞龍興祖格。巳丙旺相一般同寅申巳亥等五吉乙辛丁癸四位通紫緋晝錦何榮顯三牲五鼎受王封龍回朝祖玄字水科名榜眼及神童後空已見前篇訣穴要窩鉗脈到宮試看州衙及臺閣那個靠著後來龍砂揖水朝為上格。羅城擁衞穴居中。

依圖取向無差誤不是王侯卽相公。

蔣氏曰後空之旨屢見篇中而此章又反覆不已

者蓋後空不但無來脈而已并重坐下有水乃謂

之活龍擺撥而成眞空有氣也故首句云坐正穴

實指穴後有水取爲正坐也古賢舊蹟往往如此

遍地鉗所謂杜甫盧仝李白祖此又引范蠡蕭何

韓信總合此格下列諸干支言不論是何卦位只

要合得五吉收歸坐後發福如許爾故下文卽接

囘龍朝祖玄字水分明指出前朝曲水抱向穴後

乃回龍顧祖之格也神童黃甲必可券矣篇中又

自言後空之訣已見前篇然恐人誤認只取坐後

無來脉便云有氣不知穴後必須水抱成窩鉗之

形而後謂之到宮若但云空耳非坐水之空空何

貴焉砂揖水朝羅城擁衞皆就水神而論穴正居

中指坐穴也此節直說出王侯將相大地局法非

泛論也

直解上節言山龍干神坐實之法此節言平洋

　　　五吉坐空之奧一山一水一空一實申言坐空

坐實用法之不同也。然後空之說。前已詳言。此

又重言者何也。恐人誤認不察水之幹枝向背

也。穴後之水必要枝流拱向得神抱繞有情再

坐之以五吉此。即謂正穴又謂到宮所云巳丙

亥壬總言不論是何卦位是何干支只要合得。

五吉毫無差謬神童黃甲卿相公侯有得之若

操券者矣。楊公恐人不信特引蕭韓祖墓爲證

坐正穴者。即不偏不倚不上不下不浮不沉之

謂也。後空非以穴後有水謂空用法水弗得。即

謂。空如。穴後有。水而。金龍到。頭此謂龍空氣不。

空所。謂脈到宮者即此意也。

平洋穴後要有水神抱繞為坐正穴又須以玄

空五行排到坐後得生旺為之眞後空亥壬巳

丙雖屬出卦則要玄空五行俱得生旺卽為地

卦出而天卦不出亦不可棄而不取寅申巳亥

言不易之定位乙辛丁癸言流行之干神寅申

巳亥上惟乙辛丁癸四干龍可玄空排到乾坤

此節山龍穴後要有落脈為正坐

艮巽甲庚壬丙則玄空排去不合故曰乙辛丁

癸四位可通後空之要前篇已詳言之此節重

言教學者勿忽平洋作法後空為緊要州縣郡

省。並非靠着後龍以水法為重也。餘詳傳解細

玩自得

天機妙訣本不同八卦只有一卦通乾坤艮巽躔何。

位乙辛丁癸落何宮甲庚壬丙來何地星辰流轉要

相逢莫把天罡稱妙訣錯將八卦作先宗乾坤艮巽

出官貴乙辛丁癸田庄位甲庚壬丙最為榮下後兒

地理合璧　卷四

孫出神童未。審何山消此水合得天心造化工。

蔣氏曰一部寶照經不下數千言皆半含半吐至

此忽然漏泄蓋陰陽大卦不過八卦之理而篇中

乃云八卦不是真妙訣者正為不得真傳不明用

卦之法故也而其所以不明用卦之法者皆因泛

言八卦而不知八卦之中止有一卦可用故也大

五行秘訣不過能用此一卦即從此一卦流轉九

星便知乾坤艮巽諸卦落在何宮二十四干支落

在何宮而或吉或凶指掌瞭然矣俗師不得此訣

妄立五行。有從四墓上起天罡。以為放水出煞之
用。如何合得八卦之理夫收得山來。乃出得煞去。
不知一卦作用山既無從收一卦不收諸卦干支。
又何從流轉九星求純棄駁而消水出煞乎今人
但知二十四山處處可出官貴處處可旺田庄處
處可出神童而不知二十四位水路交馳果下何
卦收何山乃消得此水出得煞去夫既不能收山
出煞則其談八卦論干支皆胡言妄說而已何以
契合天心而造化在手也天。心卽。天。運非善人合

地理合璧 卷四 都天寶照經

天之家不能遇也。大五行所謂一卦即指天心正。
運之一卦也。篇中露此二字其間玄妙難以名言
楊公雖指出天心一卦之端而其下卦起星之訣
究竟未嘗顯言則天機秘密。須待口傳不敢筆之
于書也
姜氏曰篇中八卦干支縱橫錯舉原非實義細玩
此節何位何宮何地等句即知經文皆屬活句非
死句也我師于前篇註中切戒學者毋得執定方
位意在此爾凡讀楊公書者當知此意非獨寶照

地理合璧　卷四　都天寶照經

而已。天玉青囊無不皆然。

【直解】一卦者一元一卦卽天心正運之一卦也。
能用此一卦則知乾坤艮巽落在何宮二十四
干支躔在何地。或陰或陽。或順或逆。或左或右
指掌瞭然矣。不識此卦誤認五行八長生四墓
庫左旋右轉以爲放水出殺之用不亦謬乎知
此一卦卽知收得山來出得殺去不知此一卦。
則談八卦論干支皆糊言妄語而已豈能契合
天心挽回造化哉。

天機妙訣則有一卦可通此一卦

溫氏續解

乃天心正運之一卦。如一運。坎爲一卦立極中

五。卽爲天心順數坤二到乾。逆數離九到乾。順

逆顚倒依數排去卽知乾坤艮巽躔於何位乙

辛丁癸落於何宮甲庚壬丙來於何地玄空之

星辰既以流轉再以應用山向所得星辰之陰

陽交媾於中五順逆挨排八卦二十四位干支

何位得旺何位值衰何方應要有山何方應要

有水山水旺衰既明而收山出煞亦在其中矣。

收山者即收生旺到水出煞者即出衰星到山。

此以排向而言若排坐山即收生旺到山爲之

收山出衰星到水爲之出煞若八方之山水旺

衰各得亦爲之收山出煞也如立乾坤艮巽之

山向乃卦之中氣力量較大所以可出官貴乙

辛丁癸卦之爻神力量稍遜尙與父母陰陽一

氣所以能致田庄之富甲庚壬丙雖亦爻神與

父母陰陽之氣不一氣局更窄且未免稍襍所

以則能爲榮而已此辨立向卦之中氣爻神力

量大小耳。

五星一訣非眞術城門一訣最爲艮識得五星城門
訣立宅安墳定吉昌堪笑庸愚多慕此妄將卦例定
陰陽不向龍身觀出脈又從砂水斷災祥筠松寶照
眞秘訣父子雖親不肯說若人得遇是前緣天下橫
行陸地仙。

蔣氏曰前章既言一卦下穴收山出煞之義此章
又直指城門一訣楊公此論眞可謂披肝露膽矣。
蓋五星之用其要訣俱在城門識得城門而后五

吉有用于此作二宅無不與隆者矣城門一訣與。

龍身出脈正是一家骨肉精神貫通能識城門乃。

能觀出脈能觀出脈便能識城門故笑世人不識

此秘而妄談卦例從沙水上亂說災祥也此以下。

皆楊公鏤精抉髓之言得此便是陸地神仙父子

不傳夫亦師傳之禁戒如是豈敢違哉。

直解察血脈認來龍對三乂細認踪種種要訣

所重在城門識得城門卽識龍來何脈矣城門

卽水之交會處關繫禍福之所令星緊要之處。

須得五吉三星補救直達斯爲盡善城門得城

門之用法再合兼貪兼輔之妙兩美相合立宅

安墳造化自在掌握矣

温氏續解　水法之城門即三義進氣之處最

爲緊要然尚非必定執於三義之水口爲城門

或重水之到頭爲城門或重水之灣環闊大處

爲城門總以水之有情力量大而用神緊要之

所爲城門也山法亦以山之高大圓淨挺拔有

奇爲城門或降下入首星辰到頭結穴之處爲

城門或兩砂齊會。空處進氣之所爲城門用法
亦以玄空之天運挨排山向之旺衰爲吉凶也。

世人只愛週迴好。不知水亂山顛倒。時師但云講八
卦。却把陰陽分兩下。陰山只用陽水朝。陰水只用陽
山收。俗夫不識天機妙。自把山龍錯顛倒。胡行亂作
害世人。福未到時禍先到。

蔣氏曰道德不云乎。常無欲以觀其妙。常有欲以
觀其竅此正丹家所謂玄關一竅大道無多。只爭

格陰陽反成差錯乃眞顚倒也本欲造福反以貽

不諳天機誤將山龍來脈牽合平洋理氣執定板

可作陰故曰識得五行顚倒顚便是大羅仙世人

活的些子一變陰不是陰陽不是陽陰可作陽陽

水陽水皆現成名色處處是死的惟有那些子是

些子不合天機週迴雖好皆無用矣陰山陽山陰

好而不知那些子些子合得天機週迴不好亦好

此一竅地理家須識此陰陽之竅今人只愛週迴

那些子故曰不離這個人身有此一竅天地亦有

直解　週迴言前後左右前後左右龍穴砂水好

不好人人知之如上山下水顛倒錯用時師從

何窺見且執定板法如山從右轉者水必宜左

轉山從左旋者水必宜右到以山崗尋龍尋脉

之法混入乎平洋理氣禍之先到不亦宜乎註

云那些子三字指挨星生旺而言城門得生旺

雖週迴不好亦吉如城門不得生旺週迴雖好

皆無用矣隨氣變遷卽是那些子氣化流行物。

上元二運子山午向

地理合璧　卷四

換星移。亦是。那些子。所謂關竅者。即此意也。

頭諸書已詳

週圍好指龍穴砂水形體之美巒

誤用所以時師但講八卦板位之陰陽不知有

玄空顛倒之陰陽胡行亂作求福反禍如二運

之子午向以坤二入中順行震三到乾巽四到

兌乾之板位屬陽玄空流行之震三屬陰兌之

板位屬陰流行之巽四屬陽豈非陰不是陰陽

不是陽陰可作陽陽可作陰乎那些子真天地

溫氏續解　水亂山顛倒言玄空上山下水之

四十四

之玄竅直解雖指挨星之生旺究竟未曾宣洩

今發明之些子者中五也八卦陰陽對待均由

中五交媾依數順逆挨排若生旺之星排到水

口三义有權有力處即爲之些子合得天機遇

衰死即爲不合天機人身有此一竅亦二五媾

精之義其竅悉在中五變化也明矣不在板位

更明矣

陽若無陰定不成陰若無陽定不生陽水陰山相配

合兒孫天府早登名

蔣氏曰此節並下節尤為全經傾囊倒篋之言而

泛泛讀過則不覺其妙蓋舉平洋龍法穴法收山

出煞八卦干支之理一以貫之矣孤陽不生獨陰

不育此雖通論而大五行秘訣只此便了學者須

在山水配合上著眼所謂配合自然配合非尋一

箇陽以配陰尋一個陰以配陽也水即是陽山即

是陰陰即是山陽即是水故只云陽水陰山而不

更言陰水陽山知此者可與讀寶照經矣知此者

亦不必更觀寶照經矣

地理合璧 卷四 都天寶照經

直解　陰陽即來者為陽往者為陰之陰陽也陰

山陽水者當用將來之氣挨入水中已往之氣

裝在山上卽為陽水陰山此陰陽是氣運消長

之陽陰非干支卦爻之陰陽陽又非左到右到之

陰陽又非上元必須離水下元必須坎水之陰

陽又非以來水為陽去水為陰之陰陽也參透

此關方知生成配合之妙理矣水裡排龍水裏

得陽山上得陰山上排龍山上得陽水裏得陰

此謂之陽水陰山陽山也上文所謂陽山

陽水者此也所謂山與水相對者此也所謂江

南江北主客東西亦卽此也也○孤陽不生獨陰

不長此天地生成至當不易之理也配合卽陽

水陰山陰山陽水交互相生來往皆春此眞配

合也苟能如此自有天府登名之應

　　　　　陰山陽水之配合立空向上排出

生旺之氣要有水或低處山上排出生旺之氣

要有山或高處此陰陽以來者爲陽卽一運之

坎一爲當旺坤二將來爲生往者爲陰一運之

離九退去爲衰艮八去久爲死雖非干支卦爻

爲陰陽玄空大五行數之陰陽不能離干支卦

爻之陰陽也不過要從玄空流行之卦爻干支

非板位卦爻之陰陽也水裡排龍即從向上排

出之九氣有水之處得高山實地得

衰死爲陰山上排龍即從坐山排出之九氣高

山實地之處得生旺爲陽有水低處得衰死爲

陰所謂陽山陽水山與水相對乃玄空挨排之

氣即洛書九數之往來也

卷一　郭氏葬經

都天大卦總陰陽。觀水觀山有主張。能知山情與水

意配合方可論陰陽。

蔣氏曰急接上文都天大卦豈有他哉總不過陰

陽而已眞陰眞陽只在山水上看而觀山觀水須

胸中別自有主張此主張非泛泛主張乃乾坤眞

消息所謂天心是也山情水意四字全經之竅妙

今人孰不曰山水有情意而不知世人所謂情意

非眞情意也識此情意則是陰陽便成配合青囊

萬卷盡在箇中於戲至矣

陰山玄空生旺衰死之氣山上水裏各得其宜

溫氏續解 玩山觀水之主張卽上文之陽水

此則青囊天玉之機盡矣

雄配合此配合卽是山情水意元空之配合知

七三八四九山上水裏彼此生生動靜得宜雌

龍一九二八三七四六玄空會合也或一六二

配陰尋一個陰以配陽也要山上排龍水裏排

水各得其宜之情意所言配合非尋一個陽以

直解 主張卽天心正運之主張山情水意是山

山情水意非陽水陰山各得其宜之情意要玄

空五行之氣與形體五行相生比和山上水裏。

陰陽配合此爲眞情意也傳中爲此四字乃全

經之竅妙誠哉竅妙也學者苟能潛心參考地

裏之形理氣數無餘義矣然論形體山要豐滿

圓淨水要之玄曲折山形不可破碎斜側水形

不可硬直尖射此論形體吉凶之大畧也。

都天寶照無人得逢山踏路尋龍脈前頭走到五里

山遇著賓主相交接欲求富貴頃時來記取筠松眞

蔣氏曰上文說到山情水意都天大卦之理盡矣

此節又贊嘆而言此都天寶照不輕傳世若有人

能得以此觀山覷水一到山情水意賓主相交之

處用楊公訣法扞之頃刻之間造化在手蓋一片

熱腸深望人之信從而發此嘆也

直解上文所言情意是山上水裏用法得宜動

靜生生之情意此言賓主是相朝相顧氣止水

交主賓相得之賓主體用咸明再參古今名墓

再考其離合正其是非精益求精斯可窮其變

矣。

溫氏續解

五里山者即中五也賓主山向也。

玄空交接於中五然後陰陽順逆顛倒挨排山

上水裡各得其宜體用悉合楊公妙訣欲求富

貴頃時可來甚言其法之秘而驗之速也。

天有三奇地六儀天有九星地九宮十二地支天干

十干屬陽兮支屬陰時師專論這般訣誤盡閻浮世

上人陰陽動靜如明得配合生生妙處尋

蔣氏曰前篇贊嘆已足終篇又引奇門以比論者。

蓋奇門主地從雜書來與地理大卦同出一原而

時師用錯所以不驗惟有大五行是奇門真訣欲。

知此訣只在陰陽一動一靜之間求其配合生生

之妙則在在有一陰陽非干是陽而支是陰如此

板格而已蓋動靜卽是山情水意卽是城門一訣

卽是收山出煞用一卦法所謂龍到頭者此也所

謂龍身出脉者此也所謂龍空氣不空者此也是

名眞賓主是名眞夫婦是名眞雌雄終篇又提出

此二字與上篇第三章動靜中間求一語首尾相

應楊公之旨抑亦微之顯矣夫

姜氏曰中篇一十三節共一百四十六句皆申明

上篇第三章以下未盡之義以終平洋龍穴之變

直解　上數句言奇門之法世人用差所以不驗

末二句論陰陽動靜配合生生之妙陰陽非以

山爲陰水爲陽又非以干爲陽支爲陰又非以

四卦屬陽四卦屬陰又非以左水到右爲陽右

水到左爲陰也動靜亦非以形動爲動形靜爲

靜也。此所謂動靜者即天。主動。動以靜而生地。

主靜。靜以動而成。如明得天地陰陽動靜生成

之奧。再細細尋其生生配合之妙。玄空之髓可

造乎其極矣○靜，即地也。凡有形者皆靜爲方爲

隅形象之謂也。動者天也。曰空曰氣曰健無形

之謂也。動者運行于上無一息之停。萬物生生

化化成形成象。何莫不由天之動而始也。成形

成象。即是靜。即是動以靜而生。靜以動而成也。

地惟靜。其所以生萬物即是動。動者皆天始之。

堪理合璧　卷四

也天不得地則無所以生地不得天則無所以
成乾統坤地承天惟動故能統惟靜故能承也
配合生生是言山上排龍水裡排龍陰陽動靜
山上水裡有彼此生生來往皆春之情意也

　　三奇六儀九星九宮乃奇門之法
地理之道同出一源干陽支陰原非不是但干
中有陰支中有陽若以板位論之雖奇儀星宮
卦爻干支無所用之求福反禍時師專論板位
卦爻干支之陰陽不知玄空流行卦爻干支之

陰陽。誤盡世人矣。如明得玄空之陰陽乃配合

生生之妙理自然有處可尋配合即前章之陰

山陽水之配合也。

下篇

蔣氏曰上中二篇歷敘山龍平洋正變之旨自始

至終有本有末文雖斷續而義則相蒙下篇所言

不過前篇餘義而錯雜言之無有條貫每章各論

一事文無承接義無照應淺者極淺深者極深學

者分別觀之可也

尋得眞龍龍虎飛水城屈曲抱身歸前朝旗鼓馬相

應下後離鄉著紫衣

蔣氏曰此節專指山龍而言眞龍之穴龍虎分飛

非其病也眞龍行急龍虎之相隨亦急急則兩砂

之末乘勢逆回有似分飛昔人指爲曜氣正眞龍

靈氣發露之象也然情旣向外則人事亦應之主

子孫他方發達謂之離鄉砂也

直解此節言眞龍氣勢行急之象恐人誤認爲

曜氣故特指之

地理合璧 卷四 都天寶照經

五三三

溫氏續解

此節專論山水二龍之形局。離鄉

發達。山龍玉髓經已詳。水法。水龍經亦備。

乙字水纏在穴前。下砂收鎖穴天然。當中九曲來朝

穴。悠揚瀦蓄斗量錢。兩畔朝歸穴後歇。定然龍在水

中蟠。若有聲爲數錢水催官上馬御階前。

蔣氏曰、自此以下八節皆平洋水局形體吉凶之

辨。此節言曲水纏身之格歇在穴後正前篇所謂

後龍空坐正穴也數錢水假借爲義俗而巧。

直解 此節專言平洋砂形水法之至美者也、

地理合璧　卷四

溫氏續解　此節論水法要灣環曲折號抱穴

後為水局後空坐正穴之吉格也

安墳最要看中陽寬抱明堂水聚囊出夾結成玄字

樣朝來鸞鳳舞呈祥外陽起眼人皆見乙字彎身玉

帶長更有內陽坐穴法神機出處覓仙方

蔣氏曰此言堂氣形局之美至于內陽坐穴法正

前篇所謂來龍正坐及城門一卦之訣也非神機

仙術烏足以語此

直解　中陽外陽內陽卽內堂外堂玉帶乙字等

語。總論形局砂水之至美者也更有坐穴法句。

總承上文龍空氣不空城門一卦之得與弗得。

而申言之也。○不拘內堂外堂水法總以止蓄

團聚爲佳水法團聚止蓄週迴自然相向有情

　中陽內陽無論山水兩格必要寬

廣不可逼窄寬抱則堂氣舒暢水聚穴前更能

之玄朝來無異鳳舞鸞翔乙字彎身引歸穴後。

卽內陽坐穴之法城門一卦得與勿得。亦卽此

也。

堪輿合璧　卷四

水直朝來最不祥一條直是一條鎗兩條名為插脅

水。三條云是三刑傷四水射來為四殺八水名為八

殺殃直來反去拖刀殺徒流客死少年亡時師只說

下砂逆禍來極速怎堪當塞圳路街如此樣亟宜遷

改免災殃

蔣氏曰此節極言直來凶格蓋水神最忌木火以

其有殺氣無元氣也縱屬來朝亦有損無益況諸

路交馳漏風沖泄乎旺元猶可衰運無噍類矣

直解　此節專言直水之凶沖射者更凶路街田

墅。衝射者亦忌。有則改之。以免災殃。

溫氏續解 此節極論水法直硬尖射等各種

凶格遇此形局切勿下穴雖旺元亦不免凶也。

慎之

索自縊因公敗可憂

前水來朝又擺頭淫邪凶惡不知羞乾流自是名繩

蔣氏曰此曲水為格水神雖以曲為吉然曲處須

節節整齊乃合星格若擺頭斜去及如繩索樣或

大或小或疏或密或正或欹皆似吉而凶縱然發

福必有破敗。

直解　穴前水形似曲非曲似直非直者謂之擺
頭似是而非最易誤認故特指之水形如此不
拘左右前後二宅均忌。

溫氏續解　擺頭水者形如曲水其實闊狹不
勻歪斜倚側似曲非曲真情蕩佚淫邪不免遇
此切勿惧認爲曲水之吉也。

左邊水反長房死右邊水射小兒亡水直若然當面
射中子離鄉死道傍東西南北水射腰房房橫死絕

根苗貪淫男女風聲惡。曲背駝腰家寂寥。

左邊水反長房死。離鄉忤逆皆因此。右邊水反小兒

傷。風吹婦女隨人走。當面水反中男當斷定二房有

損傷。左右中反房房絕。切忌墳塋遭此刦

其切于用也。故存之惟公位之分不可盡拘耳

蔣氏曰以上數節雖義淺而辭鄙然其應甚速以

直解 天玉青囊都天寶照或言體或言用或兼

體用而言千言萬語不外趨避兩字。此兩節專

指砂形水法。衝射反跳而言。如諸般凶山惡水。

即合用法。切不可因其合用而取之也。

溫氏續解

當令合時合吉山水各得亦不可用也。　形體凶惡不吉之格雖玄空當元

一水裏頭名斷城。下之雖發未爲榮兒孫久後房房

絕。水到砂收反主興

蔣氏曰平洋穴取近水三方皆可逼窄唯穴前明

堂須寬容不迫展舒穴氣若一水裏頭穴無餘氣

雖環抱亦不發若面前另有一枝水到則又以接

水呈秀其逼窄之氣有所發洩反不爲凶爾

脚不見榮兮反見愁

茶槽之水實堪憂莫作蔭龍一例求穴前太偪割脣

秀於前反凶爲吉矣。

後必絕若穴前有曲水相接卽能舒展穴氣呈

知穴前朊抱之水太偪且無生動餘氣斬絕久

溫氏續解　裹頭之水時師以爲朊抱可取不

陽氣不舒。最易敗絕似吉非吉故特辨之

生動之意名曰斷城。又名裹頭。裹頭之水穴前

直解　形雖環抱狹而帶淺左右前後毫無闊狹

蔣氏曰穴前池塘水聚天心名蔭龍水本爲吉局

若硬直深坑形似茶槽既非佳格或明堂寬曠猶

未見凶更加急葬穴氣太偪則有凶無吉矣同一

穴前池水形局軟硬立穴緩急其應不同不可不

深辨也

直解　直硬深坑毫無動意謂之茶槽止蓄團聚。

照穴有情謂之應龍茶槽宜遠遠則不割應龍。

宜近近則得神切不可誤認而遠近錯用也。

溫氏續解　茶槽言穴前池塘不通大河活水。

地理合璧 卷四　都天寶照經

形體硬直毫無生動。若立穴稍遠冲容不逼可

不爲凶。若立穴逼近宛似裹頭猶之割脚其凶

立見。總之穴前池塘之水。要須圓淨澄淸照穴

有情立穴苟能不急不緩遠近得宜無不吉也。

玄武擺頭有多般未可慳然執一端或斜或側或正

出。須憑直節對堂安擺頭直出是分龍須取何家龍

脈。蹤大山出脈分三訣未許專將一路窮

蔣氏曰玄武水來本合後空活龍之格宜爲正坐

之穴矣然亦須詳其來法以辨純雜定吉凶未可

執一也。蓋水有偏出正出不同惟直節對堂安乃
是眞玄武水若擺頭曲來而又直出前去一曲一
直之間龍脈不一是謂分龍不必分兩道而後謂
之分龍也須察其曲來是何脉直去是何脉細細
推詳而后可定其何家跡蹤以便下卦若是水大
則不止一宮之氣正坐是一脉偏左又是一脉偏
右又是一脉故云分三訣也論坐後之脉精詳曲
當搜剔無遺乃至于此可謂明察秋毫者耶

【直解】擺頭言水似曲非曲之狀玄武指穴後穴

家家墳宅後高懸　太陽不照太陰偏　必主其家多寂

穴前一般排算穴前即向也。

大卦氣不能收清應收何路之脈玄空理氣與

何脉之踪跡大山出脉分三訣言水局瀰漫闊

閣狹均不合格之形體若有分流須認定龍來

武乃穴後之謂坐水騎龍也擺頭是曲直粗細

溫氏續解　此節非獨指水法之形局而言玄

舉只要與穴前一般排算故曰對堂安也

後之水或曲或直或向或背情狀不一難於盡

寞男孤女寡實堪憐。

蔣氏曰此即後空之義因世人都喜後高故復叮嚀如此。人但知後高為有坐托。不知其掩蔽陽光而偏照陰氣生機斬絕人口伶仃。故有孤寡之應也可不戒與予觀人家穴後有挑築兩三重照山以補後托未有不大損人丁甚至敗絕無後者利害攸關特為指出此節單言平洋格法若是山龍之穴又以後高為太陽正照而吉後空為太陽失陷而凶讀者莫錯會也。

姜氏曰、以上九節、首節言山龍、後八節言平洋、皆
形局也

直解　要在未立向以前、必先按其山向、排其五
行、當空則空、當實則實、所謂龍空氣不空、龍實
氣不實、即此意也、高一寸為山、低一寸為水、高
者當作山用、低者宜作水論、倘上山下水、顛倒
錯用、則有夭之患矣、〇大凡山龍平崗及墩
泡高阜、以地氣為主者、穴後宜高、水龍平洋及
一切湖蕩圩邊、凡以水氣為主者、穴後宜空、切

地理合璧　卷四

不可拘定後空爲是後高爲非只要後空得後
空之用法後高得後高之用法總要隨地適宜
高低各得不必拘拘於後空後實也

【溫氏續解】　山龍以後高爲是平洋以後空爲
合山龍後空爲太陽落陷平洋後實爲太陰正
照久後不免損傷人丁若玄空五行山水旺衰
與時相合稍有補救若用違其時顛倒誤用男
孤女寡實堪憐矣

貪武輔弼巨門龍方可登山細認踪水去山朝皆有

地不離五吉在其中。

蔣氏曰此節及下文九星皆指形局而言蓋見其
星體合吉方登山而定其方位若形局方位皆吉
即水去亦吉今人動云第一莫下去水地謬矣

直解此節專辨峯巒形局五星九星正體變體
形象之吉凶山形氣勢星體巒頭既吉方登山
細認乃尋龍之要訣便而捷且省登山涉水之
勞矣所云五吉是兼貪兼輔之五吉謂形局都
合再查水之去處果合補救出殺之妙用則來

亦吉去亦吉矣

溫氏續解　此論星體吉而再合玄空兼貪兼

輔之妙用方可登山認蹤矣

破祿廉文凶惡龍世人墳宅莫相逢若然誤作陰陽

宅縱有奇峯到底凶

蔣氏曰此二節專言平洋九星水法

直解此四龍形象之最惡者山龍平洋俱忌倘

然悞作縱有奇峯不能為福也○水法九星曲

者為水直者為木方正者為土環抱者為金直

而尖者爲火總而言之抱繞止蓄向穴有情者

爲吉反背無情者爲凶如破軍祿存廉貞文曲

諸般星體不論山龍平洋二宅均忌

溫氏續解 此言山龍之破碎歪斜平洋之斜

飛尖射再爲凶格玄空五行雖能合法終久必

凶體用不可偏廢也

本山來龍立本向返吟伏吟禍難當自縊離鄉蛇虎

害作賊充軍上法場明得三星五吉向轉禍爲祥大

吉昌

蔣氏曰本山本向非子龍子向丑龍丑向倒騎龍
之謂也蓋指八卦納甲而言山龍有納甲本卦向
法皆淨陰淨陽其在平洋向法反不拘淨陰淨陽
而以本卦納甲干支位位作返吟伏吟凶不可當
龍體卦氣之中卽有天然向法可不犯本宮而災
三星與五吉不同三星言龍體五吉言卦氣消詳
變爲祥矣。

【直解】本山本向者、本元之旺氣到山也本元之
旺氣到山、卽是反吟伏吟三星、謂金水土三星

五吉謂天元取輔人地兼貪之五吉果得三星

五吉卽能轉禍爲祥矣細按前後兩個向字反

吟伏吟由向而起五吉亦由向而起由此觀之

地之吉凶其權在向也明矣其權在五吉也更

明矣苟曉五吉三星之妙理山水分用之要訣

方知在山謂本山在水卽爲十道用得爲三吉

用失卽是反吟在水謂三吉在山便是本山數

語當細細揣之自得五吉三星補救直達之妙

用矣

溫氏續解

本山本向者。如一運之立壬山丙向以一入中。須排玄空到丙是五屬陽。再以五入中順排到壬是一豈非當元之旺氣應要排到水裏今反排在山上壬屬坎。而玄空之旺氣亦是坎。返吟伏吟之訣明矣。此指排向而言若坐山排龍本元之旺氣到山則非返吟之謂如果水局有金圓水曲土方之吉格玄空五行有兼貪兼輔補救卽可轉凶爲吉若向上排龍令星按在水裡。或水口三叉之城門又謂十道也。

龍眞穴正誤立向陰陽差錯悔吝生幾爲犇走赴朝

廷纏到朝廷帝怒形緣師不曉龍何向墳頭下了剝

官星

蔣氏曰此言龍穴雖眞而誤立本宮之向陰陽不

和至于剝官也蓋地理雖以龍穴爲重發與不發

專由龍穴而立向坐宮又穴中迎神引氣之主宰

此處不清潔如玉之瑕不成美器矣致廣大而盡

精微又何可不詳審也耶此所謂向非以山向五

行起長生爲消納也亦非小玄空生出尅出生入

尅入之說學者慎之。

姜氏即以上四節皆言平洋理氣之用

直解　龍既真穴既的誤立本宮陰陽差錯之向

自有剝官之患此剝官即上節所言本山本向。

反吟伏吟之故也非俗註所謂壬向之剝官又

非流破官旺之剝官所謂剝官者正是上山下

水顛倒誤用官星受尅之剝官也。

溫氏續解　龍與穴固吉矣若誤立陰陽差錯

上山下水顛倒誤用之向則悔吝生焉爲剝官星

者猶官之正可赴任而忽丁艱信到總之吉中

有凶成之有失也。

尋龍過氣尋三節父母宗枝要分別。孟山須要孟山

連仲山須要仲山接干奇支耦細推詳節節照定何

脈良若是陽差與陰錯縱吉星辰發不長一節吉龍

一代發如逢雜亂便參商。

蔣氏曰此等卦理中上二篇論之已詳反覆叮嚀。

致其深切之意又指明發福世代久暫之應全在

龍脈節數長短故父母宗支要分別也。

直解　三節卽格龍三節不亂之意父母宗枝是

來龍來脈過峽起頂之宗枝分別過峽起頂屬

何卦之宗枝則知來龍來脈之合不合矣孟山

仲山卽子字出脈子字尋之意看准何干來脈

何干入首細細從來龍來脈上看到立穴處干

與支體與用一絲不亂方謂之艮如有一毫差

錯則吉中有凶不成美器矣可不加意細察乎

是節辨純雜定吉凶看節數定久暫乃方位理

氣之最要者也故又叮嚀之耳

地理合璧 卷四 郡天寶照經

止兩水相交夾來一龍。夫婦同行脉路明。須認劉郎別

先識龍脉認祖宗蜂腰鶴膝是眞蹤。要知吉地行龍

清星辰雖吉發不長久若逢雜亂參商可必

推干支俱要歸或孟或仲或季之一氣如稍不

配乙辛丁癸支耦乾坤艮巽配子午卯酉也。細

仲季惟到頭一節更其鄭重干奇卽寅申巳亥。

到入穴處節節要不襍孟山之來龍不可夾襍

酉來龍來脉雖山之生蛇出洞水之曲折之玄。

孟山卽寅申巳亥仲山卽子午卯

溫氏續解

處尋平洋大水收小水不用砂關發福久。水口石似

人物形定出擎天調鼎臣。

蔣氏曰、此節兼論山龍平洋。言山龍眞脈則取蜂

腰鶴膝爲過峽而平洋則不然只取兩水相交爲

來龍行脈不在過峽上看脈也。但須脈上推求識

干支純雜夫婦配合之理如此宮不合又當別求

一宮不可牽强誤下。故云劉郎別處尋且山龍取

砂爲關而平洋不用砂關只要大水行龍收入小

水結穴。有此小水引動龍神千流萬脈其精液皆

注歸小水以蔭穴氣此平洋下穴秘旨一語道破
混沌之竅鑿矣觀此則知所謂兩水相交非謂左
右兩水會穴前而龍從中出謂之行龍也正謂大
水與小水相交之處乃眞龍之行眞穴之止也既
有此小水收盡源頭又何用砂水之爲我用與否
豈砂之攔阻能強之者耶人且不可強而況于水
若水口捍門此山龍大地雄峙一方之勢蓋將山
比擬楊公秘慎之旨互文隱意雖若竝陳大旨偏
重平洋而以山龍相映發以辨其不同途爾貴學

者言外會心若不知剖析而視為一合之說將雜

亂而無緒矣。

直解 束細者為蜂腰。收而略放者為鶴膝。此皆

象形也。衆水去處為水口又為去口內有眞結。

水口必有大石當衆水之衝關攔水口其石如

琴劍印尺龜蛇牛馬之形者定出擎天調鼎之

臣。如蘇郡之范墳。水中有靈石俗呼曰魁星石。

又宜與忠烈盧公之祖墳。水口有大石一塊廣

闊數丈形方如印正當衆水之口。忠烈亦是明

地理合璧　卷　　都天寶照經

季一代之人物正是擎天之應驗也。

溫氏續解　山龍之縱放收束即是蜂腰鶴膝

之情狀平洋之兩水相交即大水收入小水不

用砂之關鎖也夫婦同行者無論山龍水龍出

脈之處須要兼干兼支陰陽一氣即子癸為吉

壬子凶之意雖出脈同在一卦子癸一氣屬陰

而壬子則陰陽夾雜玄空五行排算亦順逆不

同故云須認劉郎別處尋也范盧兩墳皆在兩

澗交會之處有奇石鎮塞水口所以有擎天鼎

臣之應。山龍之大格可証。平洋之奇局亦有之。

龍若直來不帶關支兼干出是福山立得吉向無差

誤。催祿催官指日間。

蔣氏曰此亦上下二篇所已詳蓋以四正爲例。而

其餘自在言外非位位取地支也。

直解　此節言山水二龍形雖帶直只要不帶敌

斜反跳僵直死硬種種關殺用得安妥亦能發

福不可因其形直而棄之也。

溫氏續解　山水二龍之來脉雖直似欠生動。

苟能子癸一氣出脈不襍於壬或不出卦乃一
卦清淨卽爲福山若再立向能乘生旺自然吉
矣支兼干出已在言外午丁卯乙酉辛均是支
兼干出也餘卦倣此

乾坤艮巽脈過凹節節同行不混淆向對甲庚壬丙

水兒孫列土更分茅仲山過脉不帶關三節山水同

到前斷定三代出官貴古人準驗無虛言

蔣氏曰此則單言四隅龍格反取干神並不言及

辰戌丑未則其非專重地支可知矣脉是內氣而

向對之水是外氣兩不相妨也楊公辨龍審卦之

妙口口說重地支而本旨實非重地支世人被他

瞞過多矣豈知一隻眼逗漏于此節學者其毋忽

哉。

【直解】上節言直來不帶關殺則易此節言屈曲

而求其不雜則難果能去來屈曲節節整齊夫

婦同行不偏不倚。一絲不亂更兼山水純一體

用一氣自有列土分茅之貴矣過脈節數等語。

總言世代久暫之應驗也。

地理合璧　卷四　都天寶照經

溫氏續解

脉過凹。謂來龍之曲折。卽前註乾

坤艮巽御街水也來龍來脉。苟能節節同行不

出他元之卦毫不混襍自有列土分茅之應甲

庚壬丙雖不在乾坤艮巽卦內。而立向收水正

以天干爲重山水苟能三節同到干支不襍可

發三代亦卽一代福之意也。玄空五行非

專重地支。而天干亦並重一體也。

發龍多向支神取若是干神又不同支若載干爲夫

婦干若帶支是鬼龍子癸爲吉壬子凶三字眞假在

其中乾坤艮巽天然穴。水來當面是眞龍。要識眞龍

結眞穴。只在龍脉兩三節。三節不亂是眞龍。有穴定

然奇妙絕。千金難買此玄文。福緣遇者母輕洩。依圖

立向不差分。榮華富貴無休歇。時師不明勉強扦。雖

發不久卽敗絕。

蔣氏曰。發龍多取支神。此乃用支之卦也。干神不

日無取。而乃曰若是干神又不同。明明有用干之

時而特與用支者不同。爾干帶支爲鬼龍只就子

癸壬子一宮爲例。其眞其假三字之中逈然差別。

何以乾坤艮巽獨名天然穴。蓋直以乾坤艮巽為

龍不更轉尋名相故曰天然若他龍則干支卦位

非一名矣水來當面是眞龍此語石破天驚鬼當

夜哭蓋乾坤艮巽之穴又與取支惡干者不同觀

此則寶照之訣實非單重支神洞然明白矣至於

格龍之法止要兩三節不差錯則卦氣已全不必

更多求于四五節之外恐人拘泥太過遇著好龍

當面錯過所以發此非楊公遷就之說也但此兩

三節定要清純若到頭節數畧有勉强不能無誤

又戒作者。須其難其愼也。

直解四正之龍。支神爲主四隅之龍干神爲主
正與維干與支妙在用支之卦則用支用干之
卦則用干在用支之時則用支在用干之時則。
用干貴在各得其用耳惟乾坤艮巽又與用干
用支者有異只求水來當面便是眞龍是非專
重地支可知矣自三節不亂以下皆格龍之法
也。

溫氏續解

支若載干即子癸爲吉干若帶支

卽壬子爲凶曲折之玄水當面朝來純在乾坤

艮巽不雜左右地支爻神豈非天然穴哉再兼

三節不雜穴之奇妙可知也時師不明此中奇

妙而下陰陽夾襍之向形局雖之玄曲折不久

卽敗矣用干用支無所偏重各乘其時耳

一個星辰一節龍龍來長短定枯榮孟仲季山無雜

亂數產人龍上九重節數多時富貴久一代風光一

節龍。

蔣氏曰此亦論平洋龍神節數以定世代近遠之

應。總在行度之純雜上斷也。

姜氏曰以上六節皆言平洋大五行之法。蓋中上

二篇所已明。而反覆互見者也。

直解 水法一曲一折便為一節凡曲動處、水之

情形總以相向抱穴有情者為佳如龍來長短

正謂愈曲而愈妙也曲多則易于夾褲如果曲

曲折折或孟或仲均歸一路者大貴之地也世

代久暫之應都在曲折純雜向背上占驗也、

龍來長短曲折。一節一個星辰。二

地理合璧　卷四　都天寶照經

曲二節星辰曲曲折折之中。須要孟仲季不雜。

如子字來龍。曲折要不出午卯酉天元一卦之

內。如丑字來龍。要不出辰戌未地元一卦之內。

如寅字來龍。要不出申巳亥人元一卦之內曲

折雖多或孟或仲或季均歸一路淨而不雜貴

格大地必矣若曲折數節不出一卦一宮氣局

雖非大格乃一卦清淨不雜亦秀貴悠久之地

一卦一宮指壬子癸一卦一宮而言餘宮倣此。

地理合璧卷四終

周同纘子緒
王銓濟巨川　校字
沈爾晟景陽